ANTIKE UND GEGENWART

CATULL · AN LESBIA

Ein Liebesdichter mit europäischer Ausstrahlung

Lehrerkommentar
von
Friedrich Maier

C.C. BUCHNERS VERLAG

ANTIKE UND GEGENWART

Lateinische Texte
zur Erschließung europäischer Kultur

Herausgegeben von Prof. Dr. Friedrich Maier,
Humboldt-Universität zu Berlin

1. Auflage 1 5 4 3 2 2004 03 02 01 00
Die letzte Zahl bedeutet das Jahr dieses Drucks.

Dieses Werk folgt der reformierten Rechtschreibung und Zeichensetzung.
Ausnahmen bilden Texte, bei denen künstlerische, philologische oder
lizenzrechtliche Gründe einer Änderung entgegenstehen.

Alle Drucke dieser Auflage sind, weil untereinander unverändert,
nebeneinander benutzbar.

ISBN 3 7661 5970 4

Layout und Satz: Uli Zimmermann, Bamberg
Druck: Fränkischer Tag GmbH & Co. KG Bamberg

Einbandmotiv: Profil der Velcha (Velia), etruskische Wandmalerei aus der "Tomba dell'Orco I" in Tarquinia, 4. Jh. v. Chr.

Vorwort

Catulls Gedichte an Lesbia sind jedem examinierten Latinisten so vertraut, dass er sie ohne Hilfe übersetzen und verstehen kann. Er bedarf auch in der Regel keiner besonderen didaktischen Anleitung, um sie wirkungsvoll jungen Menschen zu vermitteln. Die Gedichte sprechen für sich. Die historische Distanz löst sich in der Unmittelbarkeit der Erfahrung des größtenteils in einer einfachen Sprache verfassten Liebesverhältnisses zwischen Catull und Lesbia auf. Die Schüler zeigen sich allein schon von den Worten und Sprachbildern, von den Gefühlsregungen, von der Begeisterung, Hoffnung, Enttäuschung, Verzweiflung, von den Paradoxien der Liebesleidenschaft stark betroffen; sie lassen sich von Catull direkt ansprechen. Die Feinheiten der Sprache, die Nuancen in der Begrifflichkeit, in der Äußerung von Liebe, Leid und Hass fördert die eingehende Interpretation zu Tage, wofür alle Unterrichtenden gewiss die besten Voraussetzungen besitzen. Catull ist zentraler Gegenstand in jeder Universitätsausbildung.

Wenn hier trotzdem zur Catull-Ausgabe auch ein Lehrerkommentar vorgelegt wird, dann zuallererst deshalb, weil dem in der Hektik des Schulalltags Tätigen ein schneller Überblick über den augenblicklichen Stand der Forschung für den Einzelfall des zu lesenden Gedichts sehr von Nutzen sein kann. Grafische Analysen für jedes Gedicht könnten dabei eine willkommene Hilfe für eine schnelle Interpretationsvorbereitung sein. Außerdem soll die Absicht, die der hier vorgelegten Auswahl und Reihenfolge der Gedichte zugrunde liegt, aus den versuchten Interpretationsansätzen einsichtig und in Rücksicht auf die vorherrschende Meinung der wissenschaftlichen Forschung plausibel gemacht werden.

Die Entwicklungslinien im Liebesverhältnis zwischen Catull und Lesbia, die sich bei Lektüre der wenigen ausgewählten Gedichte nachzeichnen lassen, sollte jeder, bevor er das Lektüreprojekt beginnt, zur Kenntnis nehmen können; deshalb ist nach der eingehenden Interpretation aller Gedichte am Ende nochmals eine knappe zusammenfassende Betrachtung aller in den Zyklus aufgenommenen Texte (auch mit grafischer Übersicht) geboten. Auf diese Weise kann das Einzelgedicht als Teil des umfassenden Ganzen begriffen und den Schülern vermittelt werden.

Kommentaranlage:

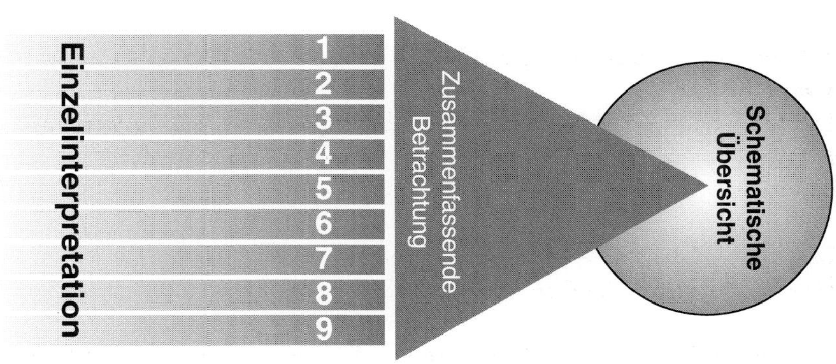

Einige Gedichte werfen allerdings nach wie vor kaum einhellig lösbare Probleme auf. Deshalb wird die sekundäre Literatur, die zu den einzelnen Interpretationen herangezogen und in den Anmerkungen aufgeführt wird, am Ende nochmals in Zusammenstellung geboten. Jeder kann sich auf diese Weise, sofern er es für nötig hält, weiter und tiefer mit dem einen oder anderen Problem befassen.
Da die Ausgabe erstmals für die einzelnen Gedichte wie auch für das Gesamtarrangement ein neues, für Catull fast revolutionäres Bildambiente bietet, bedarf diese Intention einer eingehenden didaktischen Begründung.
Der Lehrerkommentar beschränkt sich auf die Interpretation der Gedichte, die jeweils so angelegt ist, dass die zu Form und Inhalt der Carmina gestellten Fragen darin immanent ihre Beantwortung finden. Dort, wo Arbeitsaufträge zu Bildern, Collagen oder Paralleltexten (z. B. als Übersetzungsvergleich) gestellt sind, werden in der Regel keine Lösungen geboten; der freien und spontanen Äußerung sollten nicht durch Angabe irgendeiner Richtung Grenzen gesetzt werden.
Im Anhang werden für die meisten der behandelten Gedichte die modernisierten Translationen von ANNA ELISSA RADKE aus ihrem Buch „Katulla. Catull-Übersetzungen ins Weibliche und Deutsche. Marburg 1992“ geboten; die Kontrastierung mit den Originaltexten gibt zweifellos starke Anstöße zu intensiven Gesprächen.
Gerade bei einer Catull-Ausgabe scheint es wichtig zu betonen, dass der Lehrerkommentar nur ein Angebot für all jene sein will, die nicht bereits selbst über ein klar und fest umrissenes Konzept der Gedichtinterpretationen verfügen.

Prof. Dr. Friedrich Maier

1. Zur Didaktik der Catull-Lektüre

1.1 Didaktische Begründung

„C. Valerius Catullus ist der erste Dichter Roms, an dem deutlich wird, dass ein langer Akkulturationsprozess zweier Kulturen, der griechisch-östlichen und der lateinisch-westlichen, zu Ende geht und in der neuen Metropole am Tiber eine eigene und neue Originalität entsteht: Freisinniges Kunstverständnis gepaart mit umfassender Bildung und Belesenheit griechischer und römischer Autoren, virtuoser Handhabung uralter literarischer Techniken lassen inmitten der neuen Lebensrealität einer Umbruchzeit Liederzyklen entstehen, welche in ihrem sprachlichen Ausdruck, ihren rhythmischen Qualitäten und in ihrer Musikalität Zeit- und Epochengrenzen überwinden und unmittelbare Identifikationsmöglichkeiten der emotionalen Bedingtheiten menschlichen Daseins bieten."
Zutreffender lässt sich die literarische Bedeutung Catulls nicht ausdrücken als es hier GERHARD PETERSMANN getan hat.[1] Er deutet darin zugleich dessen wirkungsgeschichtliche Qualität an; Catulls ungemein starke Wirkung reicht bis in die Spätantike, ehe sich deren Spuren im Dunkel der Völkerwanderungszeit verlieren; zwar ist die einzige Catullhandschrift, die die Überlieferung prägt, nach ihrem Auffinden um 1300 wieder verloren gegangen, doch blieben die Gedichte bekannt und entwickeln ihre Strahlkraft in die folgenden Zeiten mit immer stärkerem Nachdruck; in unserem Jahrhundert gilt Catull als d e r Liebesdichter Roms; in seiner Rezeption gewinnt er weit über Europa hin Ausstrahlung. MICHAEL VON ALBRECHT hat Catull deshalb als „einen Liebesdichter mit europäischer Ausstrahlung" genannt.[2] Bedenkt man, dass vor Catull in Rom solch subjektive Liebeslyrik nicht geschrieben wurde (zumindest ist uns nichts dergleichen erhalten), dann wird man mit gewissem Recht Catull als „ersten Liebesdichter Europas" bezeichnen dürfen. Sapphos Gedichte, gleichwohl auch intensive Gefühlslyrik innerhalb der griechischen Literatur, stammen von einer Frau und sind an Frauen gerichtet.
Diese Einzigartigkeit, vielleicht auch Einmaligkeit der catullischen Lesbia-Gedichte hat THORNTON WILDER mit dem sicheren Gespür für das Richtige in ein gültiges Urteil gefasst:

> „Dieser Catull ist der Einzige in Rom,
> der Leidenschaft ernst nimmt. Er wird
> wahrscheinlich der Einzige bleiben."[3]

Der römische Dichter hat den modernen Autor fasziniert, so sehr, dass er ihm und der von ihm in seiner Lyrik verfassten Existenznot einen breiten Raum in seinem Roman gibt. Für eine Lateinabsolventin, die sich tief greifend mit dem Verhältnis zwischen Catull und WILDER befasst hat, zeugt der Eindruck, den Catulls Verse auf

1) Catull im neuen Lehrplan der AHS. In: IANUS 12 (1991), 40.

2) „Catull ein Liebesdichter mit europäischer Ausstrahlung." Vortrag am Kongress des DAV in Heidelberg 1998, demnächst in: Gymnasium. Vgl. auch denselben: Catull - Dichter der Liebe und Gestalt seiner Epoche. In: AU 2/92, 4-24.

3) In: Die Iden des März. Frankfurt/M., 1957.

THORNTON WILDER gemacht haben müssen, „... von einer Kraft und ewigen Gültigkeit dieser Dichtung und ihrer Thematik, die, wie man sieht, auch heute, nach 2000 Jahren, nicht verblasst ist.“[4]

Catull genießt, wie kein anderer Römer, bei den Schülern heute Ansehen, ja Beliebtheit; er steht bei Befragungen in den Hitlisten der gelesenen Autoren immer an der Spitze oder mit an der Spitze. Diese hohe didaktische Qualität ist begründet in der trotz aller Ferne der Lebenswelt des Dichters gerade den jungen Leser „unmittelbar ansprechenden Gefühlsintensität seiner Dichtersprache und in seiner starken Subjektivität, diesem Wesensmerkmal des Lyrischen, durch das sich die Aussage über das Historisch-Reale ins Allgemein-Menschliche erhebt.“[5]

Die innere Zerrissenheit, das Auf und Ab der Gefühle, die Absurdität des Verhältnisses eines in seinem Selbstwertgefühl gebrochenen Menschen, „das Psychogramm des leidenden Durchschnittsmenschen“,[6] die Bildhaftigkeit, in der sich die Stimmung, die Verkündigung der „Apotheose eines Gefühls“ (HANS-PETER SYNDIKUS) ausdrückt, treffen offensichtlich auf Akzeptanz bei der jüngeren Generation. Für sie spiegelt sich eigene Liebeserfahrung oder deren Vorstellung in den Gedichten Catulls.[7] Für solche Resonanz, zuweilen auch für solche Betroffenheit sind die „produktiven Rezeptionen“, sei es in Text, Bild oder Collage, die vielfach spontan bei Schülern entstehen, ein guter Beweis.[8]

---

4) ATTERER, M.: Absolventin des Holbein-Gymnasiums Augsburg. Der Dichter und seine Geliebte in der Dichtung Catulls und in Thornton Wilders Roman „Die Iden des März“. In: Anregung 41 (1995), 302-313, h. 312f.

5) So APEL, J.: Catull aus der Sicht eines Deutsch unterrichtenden Lateinlehrers. In: Die Alten Sprachen im Unterricht XLIV 2/97, 11-14, h. 12f.

6) So NICKEL, R.: Leben, Lieben, Leiden. Catulls Lesbia-Gedichte. Lehrerheft. Bamberg 1986, 4.

7) Nach KLAUS-DIETER KRÜGER (in einer „Schriftlichen Hausarbeit im Rahmen der Pädagogischen Prüfung für das Lehramt an Gymnasien“ 1995, unveröffentlicht, S. 19) ist die heutige Jugend für Catull empfänglich: „Das Thema Liebe und ihre Darstellung bei Catull ... trifft auf Schüler, die mit ihr zum überwiegenden Teil bereits Erfahrungen, sowohl erfreuliche, aber sicher auch gegenteilige gemacht haben. Da diese zu einem großen Teil nicht allein von dem Partner, sondern auch von dem sozialen Umfeld, in dem sich Liebende bewegen, bestimmt werden, und sich dieses Umfeld durch Tabus, Werte und Normen definieren und abgrenzen lässt, kommt der Beschäftigung mit Catull ... eine exemplarische Bedeutung zu. Denn die Auflösung hergebrachter Normen und Werte und der sich ergebende Freiraum führte damals wie heute bei der Jugend (vgl. JANKE, K./NIEHUES, S.: Echt abgedreht. Die Jugend der 90er-Jahre, München 1995, 153-157) zu Unsicherheiten im Verhalten, Überreaktionen und infolgedessen zu Repressionen der Gesellschaft, deren sich Jugendliche zu allen Zeiten zu stellen hatten. Die Lektüre Catulls führt so zu Gedanken über die persönlichen wie auch gesellschaftlichen Grenzen der Liebe und ihre Bedeutung.“

8) Ausführlich dazu GLÜCKLICH, H.-J.: Catull und einige „produktive Rezeptionen“. In: Die Antike und ihre Vermittlung (Festschrift für Friedrich Maier). - München 1995, 103ff.

1.2 Didaktische Einordnung

Catulls Gedichte sind nicht allzu schwer zu übersetzen; die Sprachbarriere steht hier nicht zu stark einem schnellen, unmittelbaren Verständnis entgegen. Der Autor gehört aus diesem Grund in das Lektüreprogramm, das jeder Lateinschüler erfahren soll, also entweder vor Beginn der Oberstufe oder bei L 3/4 unter die Zahl der Pflichtautoren. Catull ist Teil des literarischen Vademecums, das die jungen Leute aus dem Lateinunterricht mitnehmen und an dem sie etwas vom Sinn der Lektüre und der Attraktivität ihres Angebots spüren sollen. Der positive Erinnerungseffekt, der durch eine Catull-Lektüre erzielt wird, ist durch nichts zu ersetzen.[9]

Freilich sollte auch diese Lektüre angesichts der vielen, guten Lektüreangebote, denen Bildungswirkung zugeschrieben wird und die deshalb nach Lehrplan präsentiert werden müssen, nicht zu lange ausgedehnt werden. Zeit und Stoff verlangen auch hier eine vernünftige Reduktion. Aus diesem Grunde bietet die vorliegende Ausgabe eine begrenzte Zahl von Gedichten an, das nötigste Material, mit dem innerhalb eines geplanten Jahresprogramms der Autor angemessen vorgeführt und die Entwicklung des Liebesverhältnisses zwischen Catull und Lesbia genügend klar und eindruckstark nachvollzogen werden kann. Andere Gedichte, die den Unterrichtenden noch sinnvoll und wichtig erscheinen, können ja in Kopie ohne weiteres hinzugefügt werden. Unbedingt nötig erscheinen sie nicht.[10]

Die Lesbia-Gedichte sind über das ganze Corpus Catullianum verstreut; der Dichter folgte bei der Zusammenstellung der Carmina einem anderen Prinzip als dem der zeitlichen Abfolge des Lesbia-Verhältnisses. Selbst ihre Entstehungszeit im Bezug auf die realen Vorgänge ist umstritten. JAN-WILHELM BECK hat in seiner Habilitationsschrift deutlich zu machen versucht, dass der Dichter zwar ein eigenes Lesbia-Buch nachträglich gestaltet hat, in diesem aber aus dem unmittelbaren Augenblick geschriebene Erlebnisgedichte mit später im Hinblick auf das beendete Verhältnis verfassten Reflexionsgedichten zusammengeordnet hat.[11] Insofern wird es möglich, eine Erfahrungslinie nachzuziehen und die Gedichte, die man zur Lektüre heran-

---

9) Zum literarischen Vademecum eines Lateinschülers von heute vgl. Verfasser: Ziel-Profil des Faches. In: FINK, G./MAIER, F.: Konkrete Fachdidaktik Latein. - München 1996, 92-102, bes. 96ff.

10) HELMUT STORCH z.B. hat unter dem durchlaufenden Motiv von „Nähe und Ferne" („Leidenschaft und Leiden") ein etwas anders gelagertes, aber fast ebenso knappes Projekt vorgelegt: Nähe und Ferne. Hinweise zu einer Lektüre der Liebesgedichte Catulls. In: AU 2/92, 39ff.

Zu bedenken gilt es auch, dass Catulls seelische Verfasstheit, die sich gegen Ende des Liebesverhältnisses als Enttäuschung, Verzweiflung, Anklage, Selbstmitleid, Selbstanalyse und Notschrei eines gequälten Herzens in immer neuen, oft nur in Nuancen verschiedenen Variationen zum Ausdruck bringt, für einen heutigen jungen Menschen nur bis zu einem bestimmten Grade erträglich ist; auch deshalb sollte man sich in der Zahl der Gedichte Zurückhaltung auferlegen.

11) 'Lesbia' und 'Iuventius': Zwei Libelli im Corpus Catullianum. - Hypomnemata, H. 111. - Göttingen 1996.

zieht, in eine solche Reihenfolge zu bringen, dass die Entwicklung des Liebesverhältnisses von seinem Anfang bis zu seinem Ende gefühlsmäßig miterlebt werden kann. Die Gedichte 2, 3, 5, 7, 8 sind, so nimmt man an, schon vom Dichter in dieser Abfolge geschaffen worden, alle anderen müssen aber mehr oder weniger durch Kalkulation an die passende Stelle gebracht werden.
Das Liebesverhältnis entwickelt sich über drei Phasen. HANS-PETER SYNDIKUS nennt sie „Werbende Annäherung – Leidenschaftlicher Höhepunkt – Enttäuschung".[12] Die gängige Theorie bezeichnet den Dreischritt des Zyklus „Unerwiderte Liebe – Erfüllte Liebe – Enttäuschte Liebe". Innerhalb dieser drei Phasen lässt sich ein Spannungsbogen anlegen, auf dem sich die einschlägigen Gedichte, die zur Lektüre vorgesehen sind, ansetzen lassen; ihre Sinnrichtung und ihr Gewicht sind für ihre Zuweisung maßgeblich:

Der Lesbia-Zyklus

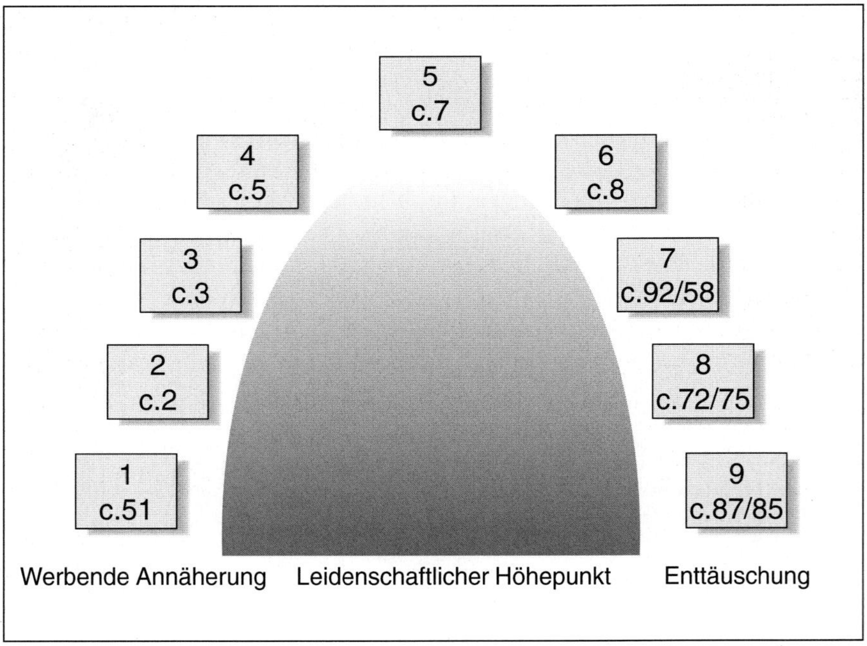

Dieser Lesbia-Zyklus, der in dem Aufstieg und Niedergang des Liebesverhältnisses symbolisierenden Spannungsbogen angezeigt ist, sollte Gegenstand eines ca. 12- bis 22-stündigen Unterrichts sein (je nach Lehrgangsform L1, L2 oder L3). Die meiste

12) Catull. Eine Interpretation. 3 Teile, Bd. 1: Die kleinen Gedichte (1-60), Darmstadt 1984; Bd. 2: Die großen Gedichte (61-68), Darmstadt 1990; Bd. 3: Die Epigramme (69-116). - Darmstadt 1987.

Zeit davon ist auf das Übersetzen, Interpretieren und Bewerten des Originaltextes zu verwenden; denn die Spracharbeit mit genauer Analyse des Gedichtaufbaus[13] und präziser Wiedergabe des Textes im Deutschen muss nach wie vor Hauptziel der Catull-Lektüre sein. Allerdings dürfen die Begleitmaterialien auch einige Zeit zur Vertiefung der Thematik und zur Erweiterung der Perspektive für sich beanspruchen.

Umfassendes Lektüreziel ist es, das Verhältnis des Dichters zu seiner Geliebten als ***longus amor*** erfahren zu lassen: als ein leidenschaftliches Anheben, einen beginnenden Gefühlsrausch, der einem Höhepunkt zustrebt, ein Umschlagen des Glücks in Enttäuschung und Verzweiflung, der den Dichter am Ende im Unglück, in der Zerrissenheit zeigt.[14]

Die Projektanlage verdeutlicht, dass die Lektüreabfolge als organisches Ganzes von Einstieg, Arbeitsunterricht, Abschluss geplant ist.

	Projektanlage:	
Einstieg Einführung in Leben und Werk, in die Metrik Catulls	**Arbeitsunterricht** Übersetzen - Interpretieren - Werten	**Abschluss** Schlussinterpretation
Hinführung: Keine „Wörter für Zärtlichkeit“ im Lateinunterricht? (Ursula Flüglers Gedicht „Erstes Lateinbuch“, 1978)	c.51 c.2 c.3 c.5 c.7 c.8 c.92 c.75 c.87 c.58 Cic., c.85 c.72 Pro Caelio 35	Carl Orff, Catulli Carmina
oder: Ein Lebensbild „Catull - einer der jungen Rebellen“ von Anna Lena Bahrmann, 1996	1/3 1/2 1/3 1/2 1/2 2/3 1/2 1/2 1	
1 Stunde	10 - 20 Stunden	1 Stunde

Aus dieser Zusammenstellung geht hervor, welche „Rahmenbedingungen“ das Projekt bestimmen; eine gute Einstiegsmotivation soll auf das absolut Neue,

13) Sehr hilfreich dazu sind die von HELMUT OFFERMANN erarbeiteten graphischen Analysen, die die formalästhetische Qualität der Gedichte und die „Kunst der Pointenführung“ klar erkennbar machen: Zur Catull-Lektüre. Verstehen durch Vergleichen. In: Lateinische Dichterlektüre II. AUXILIA 5. - Bamberg 1982, 58ff. Seine Ergebnisse werden nachfolgend häufig suo loco zitiert.

14) Ein didaktischer Versuch, diese Entwicklung aufzuzeigen, liegt vor bei GELDNER, H.: Die Entwicklung der Liebe Catulls zu Lesbia. Eine Unterrichtsreihe. In: Anregung 25 (1979), 379-391. Dabei ist allerdings eine ganz andere Reihenfolge der Gedichte zur Grundlage gemacht.

gegenüber dem Bisherigen Andersartige dieser Literatur aufmerksam machen; am Ende darf man die Vorführung der Orff'schen Vertonung der „Catulli carmina“ wohl zur Pflicht machen. In der Textausgabe ist deshalb das ganze Textbuch für diese „ludi scaenici“ abgedruckt, eingebettet in lauter Bilder von Bühnen, auf denen das Werk bereits aufgeführt worden ist.

1.3 Didaktische Aufbereitung

Die Textausgabe enthält alles, was aktuell für einen wirkungsvollen Unterricht vonnöten ist, und einiges mehr. Sie stellt zunächst „Catull in seiner Zeit“ vor, ein Kapitel, in dem die kurze Karriere des begabten Mannes in knappen Strichen umrissen wird.[15] Ein aktualisierender Bezug stellt die Verbindung von Sirmio, dem Geburtsort des Dichters, zum heutigen Sirmione am Gardasee her (mit farbigen Bildern), wo die Grotte di Catullo unmittelbar an den größten Sohn der Stadt erinnert. Das berühmte Gedicht 31, das Preislied auf Sirmio, ist hier in Kontrast gesetzt zu seiner heutigen italienischen Kurzfassung; das beigefügte Bild zeigt das Denkmal, an dessen Seiten zwei Steinplatten angebracht sind, in die das italienische Gedicht eingemeißelt ist. Der Vergleich der beiden Gedichte lässt sich als Schülerreferat zu Beginn oder am Ende des Projekts in die Lektüre einbringen.[16]

Die Voraussetzungen zur Lektüre im Bereich von Sprache und Stil sowie von Prosodie und Metrik sind in knapper Zusammenfassung geboten; als wirkungsvoll und nützlich für den Lektürefortgang möge es sich erweisen, dass alle Belege für die Einzelerscheinungen aus den im Textband abgedruckten Gedichten entnommen sind. Dies garantiert auf jeden Fall die enge Zusammengehörigkeit des Grundlagen- und Gedichtteils. Es empfiehlt sich, die einzelnen Phänomene nur jeweils fallweise zu behandeln, wenn sie für die Lektüre von Belang werden: Am Ende kann dann auch, zumal zur Vorbereitung auf die Prüfung, diese Einführung im Ganzen oder in Detailstücken zur Wiederholung aufgegeben werden.

Obwohl Catull, da seine Aussage den Schülern nicht fremd, sondern eher hautnah, vertraut vorkommt, eigentlich keinerlei motivierenden Einstieg in das Projekt braucht, sind doch zwei Möglichkeiten geboten: URSULA FLÜGLERS schönes Gedicht: „Erstes Lateinbuch“[17] und ein als Zeitdokument geschriebenes Feature von ANNA LENA BAHRMANN, einer literarisch begabten Studentin. Ersteres weist die Schüler ganz unprätentiös auf Catull hin, letzteres versetzt die Schüler in einer ein wenig reißerischen Sprache unmittelbar in die Zeit des Dichters; er kommt auf solche

---

15) Als Hintergrund für die Unterrichtsarbeit ist zu empfehlen, was MICHAEL VON ALBRECHT in einem kurzen Abriss als wesentlich zusammengestellt hat: Catull - Dichter der Liebe und Gestalt seiner Epoche, a. O. 1-24.

16) Als Grundlage dazu mag dienen: Verfasser: Hommage an einen geliebten Ort. Gedichte im Vergleich - Ein Beitrag zur Antike-Rezeption: ital. Inschrift; Catull, c. 31; Ovid, Trist. IV 4, 1-10; Weinheber. In: Lebendige Vermittlung antiker Texte. AUXILIA 18. - Bamberg 1988, 86ff. Vgl. auch MAIER, B.: Catull in Sirmio. In: Anregung 34 (1988), 165-168.

17) Vgl. GLÜCKLICH, Catull und „einige produktive Rezeptionen“, a. O. 104.

Weise gleich zu Beginn auf Tuchfühlung zu ihm. Steigt man über diesen Text in die Lektüre ein, erübrigt sich – zumindest am Anfang – das Nachlesen des Kap. 1 „Catull in seiner Zeit".

Die einzelnen Gedichte werden von Zusatztexten begleitet, in lateinischer, englischer oder portugiesischer Sprache, zumeist in deutscher Sprache.[18] Sie bieten sich zum Motivvergleich oder dort, wo nur Übersetzungen oder Nachdichtungen vorliegen, zum Übersetzungsvergleich an; hier können Zusatzleistungen der Schüler in Form von Referaten, Stellungnahmen, Kritiken eingefordert werden. Gruppenarbeit und handlungsorientierter Unterricht haben hier eine gute Chance.

Das Neue dieser Catull-Ausgabe, das sie von allen bisherigen Schulausgaben unterscheidet, liegt in der Bildausstattung. Bilddokumente aus der Antike liegen weder zu den Personen noch zur literarisch erfassten Situation vor; auch die spätere Rezeption hat sich hier eine merkwürdige Zurückhaltung auferlegt.[19] Das Thema Liebe, Erotik, Erfüllung, Enttäuschung, Zuneigung, Hass verlangt jedoch nach einer auch gefühlsmäßigen Vertiefung; diese kann durch Musik, aber auch durch optische Veranschaulichung erfolgen.

Wie kann das gelingen? Durch Präsentation von antiken Kunstprodukten (besonders aus Malerei und Plastik in Abbildung) und von analogen Zeugnissen von deren Nachfolge in Europa, die thematisch oder motivisch zu den Texten, ihren Aussagen und Stimmungen passen; auf solche Weise kann der Lektüreeindruck intensiviert werden. Die beim Leser entstandene Imagination wird durch Farb- und Figurenimpressionen (etwa im Falle einer Collage) erheblich unterstützt und gesteigert. Der optische Reiz, die assoziative Annäherung durch ein Bild an das geschriebene Wort sind gerade bei der Dichter-Lektüre unentbehrlich. Man kann diesen Einsatz der Bilddokumente eine emotionale Integration der Texterfahrung durch Visualisierung nennen. Darauf legt ja die Didaktik in letzter Zeit immer stärkeres Gewicht.[20]

---

18) Hilfreich zu ihrer Deutung SEIDENSTICKER, B.: „Shakehands, Catull". Catull-Rezeptionen in der deutschsprachigen Lyrik der Gegenwart. In: AU 2/94, 34-49.

19) Das macht auch die Schwierigkeit der Bildausstattung von Catull-Ausgaben aus. „Schwer fällt den Herausgebern auch die Bebilderung der Gedichte Catulls. Der einzig greifbare Versuch (von W. PFAFFEL) bringt es auf vier Abbildungen, die jeweils bestimmten Gedichten zugeordnet sind ... Mehr als eine allgemeine Illustration und eine optische Auflockerung ... leisten sie kaum." So RENATE PIECHA in ihrer wegweisenden Dissertation: Visualisierung im Lateinunterricht. Realienkunde und Rezeptionsdokumente in Lehrbuch und Lektürephase. Europäische Hochschulschriften, Bd. 65. - Frankfurt a. M. 1993, 41.

20) Vgl. dazu PIECHA, a. O., bes. 34ff. und 47ff. (hier weitere Literatur). - Dabei spielen auch Gründe der Lektüre-Motivation eine erhebliche Rolle. Wenn Latein nicht auch in dieser Hinsicht gegenüber den modernen Fremdsprachen und dem Deutschunterricht in einen hoffnungslosen Konkurrenznotstand geraten will, dann müssen die Textausgaben auch eine ästhetische Qualität aufweisen. Die graue Eminenz bloßer Textlichkeit mag für die Universität passen, keineswegs aber ist sie der Schule angemessen. Die Schüler sollten die lateinischen Lektüreausgaben gerne in die Hand nehmen, mit Interesse darin blättern und sie sich womöglich zum Eigentum machen. Die gute Erinnerung an den Lateinunterricht hängt entscheidend auch von den Unterrichtsmaterialien ab.

Auch diese beiden Bilder (alt oder modern) ließen ähnlich wie das gewählte Titelbild eine Identifikation mit Lesbia zu.

Damit erfüllt man einen an die Schule gerichteten Auftrag, mehr Rücksicht auf die Ausprägung der rechten Gehirnhälfte zu nehmen, wo sich Phantasie, Kreativität, Gefühlsintensität u. a. entwickeln. Gegen die „Verkopfung“ oder „emotionale Austrocknung“ gerade des Gymnasialschülers ist ganzheitliche Bildung gefordert. Man hat erkannt, dass sich Persönlichkeit u. a. auch durch die ausbalancierte Verbindung der kognitiven und affektiven Fähigkeiten und Verhaltensdispositionen definiert. „Emotionale Intelligenz“ ist der dafür neuerdings geprägte Ausdruck.[21] Im Ganzen gilt: das Gefühl für ästhetische Werte ist nicht weniger zu bilden und zu fördern als das für ethische Werte.

Dazu kommt, dass die technische Medienvielfalt auch schon den jungen Menschen in eine eher rezeptive Rolle zu drängen droht (bei aller Anerkennung der neu gewonnenen Möglichkeiten der Kommunikation, des Erlebens anderer, virtueller Welten). Längst hat man hier zur Korrektur aufgerufen: Impulse zur eigenschöpferischen Arbeit sind in allen Fächern gegeben. Kreativität ist zu einem hochrangigen Prinzip der Schule avanciert.[22] Auch der Lateinunterricht, gerade im Bereich der Lektüre, kann sich diesem Anspruch nicht verschließen; deshalb sind unter dem in der Textausgabe gebotenen Bildmaterial von Schülern gestaltete Bilder und Collagen; sie stellen als kreative Produktionen den emotionalen Niederschlag von Texterlebnissen dar; sie mögen als Impulse wirken zu ähnlichen Leistungen der Schüler bei der Arbeit mit dieser Textausgabe.

Man könnte entgegenhalten: Zur Vielfarbigkeit und dem Überdruck bunter

---

21) Vgl. etwa GOLEMAN, D.: Emotionale Intelligenz. München/Wien 1996.

22) Vgl. etwa RADERMACHER, F. J.: Kreativität. - Forschung und Lehre. - Ulm 1995, und Bayerisches Staatsministerium für Unterricht und Kultus: Bildungskongress 1998 „Wissen und Werte für die Welt von morgen.“ Dokumentation. München 1998, bes. 269ff.: Kulturelle Bildung und Stärkung der schöpferischen Kräfte.

Bilderfahrung der Medienwelt müsse die Schule als „kognitiver Widerpart" (HANS MAIER)[23] das Schwarz-Weiß bloßer Texte setzen. Ob man dadurch eine intimere Annäherung an das antike Original erreicht? Soll Latein dies anstreben, wo doch alle anderen Fächer voll auf Farbe und Bild in den Büchern setzen? Sinnvoller scheint es, durch eine gute Auswahl des Bildmaterials, das dem Text Hintergrund, Kontur, Atmosphäre gibt, zugleich indirekt die Schüler zu einem sinnvollen, durchaus vorsichtigen Umgang mit dem Bild und allen anderen visualisierenden Mitteln zu erziehen. Auf keinen Fall kann der Lateinunterricht heute auf optische Emotionalisierung verzichten. Textausgaben ohne Bild und Farbe sind heute kaum mehr ausreichend, auch und gerade nicht für Catull.
Die zur Lektüre aufbereiteten Gedichte sind jeweils mit einer kurzen und prägnanten Überschrift versehen; sie lenken das Interesse und die Lernmotivation, ohne Entscheidendes vom Inhalt vorwegzunehmen. Im Gegenteil: Sie sollen das Interesse wecken und die Lesemotivation steigern. Das entspricht zudem einem Usus: In allen modernen Gedichtbänden sind die Einzelgedichte mit erhellenden und lockenden Überschriften versehen. Diese „headlines" wirken nicht anders als die für längere Prosatexte geforderten Zwischenüberschriften.

2. Die Gedichtinterpretationen

Die Interpretation der Gedichte entspricht der Reihenfolge, die für den Lesbia-Zyklus hier angelegt wurde. Sie versucht, die innere Entwicklung herauszuarbeiten, die die Gedichte im Verhältnis zwischen Catull und Lesbia erkennen lassen. Die erarbeiteten Ergebnisse sollen am Ende die gewählte Gedichtabfolge rechtfertigen.

2.1 Ich bin wie von Sinnen (c.51)

1
c.51

Dieses Gedicht wird allgemein gern an den Anfang der Beziehung Catulls zu Lesbia gestellt.[24] Für ROLF HEINE gehört es ganz an den Anfang seiner Liebe zu Lesbia.[25] Catulls Eröffnung des Lesbia-Zyklus, die man im c.51 annehmen zu können glaubt, hat man als Liebeserklärung, als Werbungs- und Huldigungsgedicht bezeichnet, „womit die Haltung des Dichters unausgesprochen in Richtung auf das Begeisternde oder zumindest Beglückende und Hoffende hin festgelegt wird."[26]
Das Gedicht beginnt mit einem Leidenschaftsausbruch, der sich auf jenen ***ille*** richtet, der Lesbia gegenübersitzt. Gemeint ist hier wohl nicht, dass jeder, der ihr gegenüberzusitzen aushält, göttergleich ist, sondern wie HANS-PETER SYNDIKUS im

23) „Die Zukunft unserer Bildung". In: Eine Kultur oder viele. - Reclam, Stuttgart 1995, 80-96, bes. 85ff. S. dagegen PIECHA, a. O., 48ff.

24) Vgl. dazu etwa KROLL, W. (Hg.): Valerius Catullus. Stuttgart 1960, 91.

25) Catull, Interpretationen. Frankfurt/Berlin/München 1970, 68; s. auch JAN-WILHELM BECK, a. O.,

26) HEINE, a. O. 68.

Sinne der traditionellen Dichtung annimmt, dass damit ein fremder, anderer Mann angesprochen ist, „dass also die freundliche Hinwendung der Geliebten zu einem anderen vom Dichter als Abwendung von ihm selbst empfunden wird und zu einem rasenden Eifersuchtsausbruch führt."[27]

Die anaphorische Wiederholung des ***ille***, jeweils an der Versspitze, räumt dem „Rivalen" eine Vorzugsstellung ein. Wer ihr, der geliebten Frau, gegenübersitzen darf, sie unmittelbar mit Aug und Ohr in ihrem süßen Lächeln erleben kann, gleicht einem Gott, ja übertrifft, wenn's recht wäre, offensichtlich sogar die Götter.

Die Vorstellung dieser Frau, die den, der ihr gegenübersitzt, göttergleich macht, der dadurch selbst die Ausstrahlung einer Göttin zuzukommen scheint,[28] und zugleich die eifersüchtige Einbildung, es säße ihr ein mit ihm konkurrierender Mann gegenüber,[29] haben auf Catull eine nahezu zerstörerische Wirkung – die in dem zusammenfassenden Relativsatz ***quod*** aufgefangen wird: alle Sinne sind ihm geraubt.

Dieses mehr allgemein gehaltene Bekenntnis wird anschließend, mit ***nam*** angefügt, erklärt und gewissermaßen spezifiziert. Sobald er sie, Lesbia, erblickt hat (War es Liebe auf den ersten Blick, wie HEINE vermutet?), da findet er sich „in den entscheidenden Sinnesempfindungen gestört" (SYNDIKUS) oder, wie es zuletzt GREGOR MAURACH deutete, er hat „die Kontrolle über die Empfindungen verloren"[30]: die Sprache bleibt ihm weg, die Zunge ist gelähmt, eine fiebrige Glut erfasst die Glieder, die Ohren dröhnen ihm, eine todesähnliche Nacht fällt über seine Augen (alles steht im dramatischen Präsens).

Das Getroffensein von den Pfeilen des Amor, aber auch das Wissen um die göttergleiche Existenz des Nebenbuhlers haben Catull krank gemacht; er ist äußerlich und innerlich schwer getroffen: ein psychosomatisches Syndrom. Eifersucht ist eine Macht, die Leiden schafft. ***Miser*** ist der vom Dichter dafür gewählte Ausdruck, den er bewusst dem ***par deo*** gegenüberstellt.[31]

---

27) Catull, Eine Interpretation, Erster Teil: Die kleinen Gedichte (1-60), 258.

28) HANS-JOACHIM GLÜCKLICH (Catulls Gedichte im Unterricht, Lehrerkommentar. Göttingen 1980, 56ff.) stellt zurecht fest: „Durch ihre Wirkung wird sie als göttlich oder gar übergöttlich erwiesen."

29) Diese Vorstellung muss für Catull einen realen Hintergrund gehabt haben. Ich schließe mich mit HANS-PETER SYNDIKUS (Bd. 1, 256ff.) der traditionellen Deutung des ***ille qui*** an. GLÜCKLICH (Catulls Gedichte im Unterricht, 56) nimmt in ***ille*** eine „hypothetische Person" an und schließt dadurch die Wirkung von Eifersucht als Grund für die elende Verfassung des Dichters aus; da bleibt aber ein wesentlicher Aspekt außer Ansatz. - KLAUS KARL (Catullinterpretationen. Zu den Gedichten 1 und 45 und 51. In: Anregung 36, 1990, 373-381, bes. 378ff.) sieht in ***ille*** den Dichter Catull selbst; auch diese Deutung scheint nicht sachgemäß. Wie kann sich einer, der sich „göttergleich" vorkommt, zugleich als ***miser*** bezeichnen? Diese Qualifikation lässt sich ohne die Annahme eines seine „Liebeskrankheit" steigernden Nebenbuhlers - auch von den Symptomen her - kaum erklären. KARL nennt c. 51 ein „beglückendes Liebesgedicht", nimmt demnach das Adjektiv ***miser*** nicht zum Anlass, dem Gedicht eine tiefer ansetzende Interpretation zu geben.

30) Zu PINDAR fr. 75 und zu Catull 51. In: Gymnasium 105 (1998), 410-418, h. 414.

31) ECKART LEFÈVRE (OTIUM UND TOLMAN. Catulls Sappho-Gedicht, s. 51. In: RhM 131,

Catull liefert hier eine Art von Selbstdarstellung, in der er die eigene Schwäche und den Verlust der Selbstkontrolle schrankenlos preisgibt; er hat sich aus Liebe selbst entäußert. Diese Seinsform, in die ihn die Vorstellung des sich glücklich gegenübersitzenden Paares gebracht hat, so dass er sich im Aufschwung seiner Gefühle zur plötzlich geliebten Frau behindert oder gar zurückgestoßen vorkommt, ist kein Zustand musischer Kontemplation, also nicht ***otium*** im üblichen Sinne. Gewiss ist es „freie Zeit" in der dichterischen Hingabe an die Frau, in die er sich verliebt hat, eine „freie Zeit", nach der er giert und in der er sich übermütig auslässt, aber sie ist ihm zugleich Last und Bedrückung (***molestum***). Müßiggang (mittelhochdeutsch: „das sich-verligen", das „Gelähmtsein", wie es ECKART LEFÈVRE deutet)[32] bringt ihm Leiden.[33]

Leidenschaft und Leiden sind eine psychosomatische Einheit. Das erotische Hingezogensein zu Lesbia lässt Catull in dem Zustand, in den er dabei geraten ist (***otium***), jubeln und danach leidenschaftlich verlangen, aber er fühlt sich zugleich, weil – wie gelähmt – dadurch elend, unglücklich. Die innere Zerrissenheit, von der er später voll erfasst wird, zeigt hier bereits die ersten Anzeichen.[34]

Die Gefahr, in die er in der Nähe dieses Weibes kommt, ahnt er; er drückt dies mit einem Bild aus vergangener Geschichte unmissverständlich aus: ***otium*** (in ähnlicher Form und Wirkung) – man darf an Paris - Troja denken – hat früher sogar Könige und glückliche Städte vernichtet.[35] SYNDIKUS charakterisiert dies treffend: Catull hat sich hier „die Gefährlichkeit seines Zustands durch ein historisches Paradigma klargemacht."[36]

Die seelisch belastende Spannung, die dieses Gedicht trägt, kommt aus der Absicht des Autors, die Distanz zweier Menschen, nämlich von sich und seiner Geliebten, in der Phantasie aufzuheben und beide eng zusammenzurücken – durch sprachliche Manipulation:

Catull drängt sich ja förmlich in das anfänglich vor Augen gestellte Verhältnis des sich gegenübersitzenden Paares; ***ille*** steht zweimal an der Spitze der ersten beiden

---

1988, 325-337, bes. 328) kommt zu einer ähnlichen Einschätzung; die Erniedrigung, die Catull als Liebhaber gegenüber dem sogar über die Götter erhöhten Nebenbuhler erfährt, macht den Dichter zu einem ***miser***.

32) a. O., 328f. ***otium*** ist „so etwas wie ein Gelähmt-Sein, ein der Situation und sich selbst nicht entfliehen können, ein völliges Hingegeben-Sein an die Liebe". Der Liebende sei ganz auf sich selbst zurückgeworfen.

33) O. WEINREICH übersetzt deshalb: „Müßiggang, Catullus, erweckt dir Leiden."

34) Auch LEFÈVRE, a. O , sieht hier dieses Anzeichen für die spätere psychische Disposition des Dichters: „Catull als Dichter des Zwiespalts und des Zerrissenseins in der Liebe", wofür ihm c.75 und 85 die klarsten Belege sind.

35) PETERSMANN, a. O., 47, stellt hier ein „eindeutig negativ konnotiertes ***otium***" fest, ähnlich wie bei Sallust im Parteienexkurs 41/42, eine Stelle, die als Paralleltext empfohlen wird. KARL (a. O., 379) sieht ***otium*** insofern negativ besetzt, als Catull darin sein Untätigsein als Dichter sieht; das kann in dem Leiden bereitenden ***otium*** durchaus mitgemeint sein, ist aber im Ganzen wohl zu eng. Siehe dazu LEFÈVRE, a. O., 331ff.

36) Bd. 1, 261.

Verse; ehe in Vers 3 an der betonten Schlussstelle die Frau mit ***te*** angesprochen wird, schiebt er sich mit dem Personalpronomen der 1. Person ***mihi*** direkt dazwischen. Erst nach diesem Arrangement vorgestellter Vertraulichkeit zwischen dem „Du" und „Ich" wird dann, – in der Mitte des Gedichtes – der Name Lesbia genannt, zweimal in Spitzenstellung, als Vokativ, immer in äußerster Nähe zur 1. Person: ***te, Lesbia, aspexi – mi, Lesbia, vocis.*** Dass Lesbia, mitten im Hyperbaton und Enjambement stehend, die eng zusammengehörende Verbindung (Gen. part.): ***nihil … mi vocis***, zertrennt, deutet an, dass sie, und nur sie der Grund – denn auch die Eifersucht ist letztlich nur durch ihre Existenz bedingt – für seine Sinnesstörung ist. Durch diese sprachlichen Verschlingungen der Personalpronomina ***te*** und ***mihi***, also ihrer und seiner Person, reißt Catull die anschließend zweimal apostrophierte Lesbia gleichsam von dem ***ille*** weg und holt sie in seine Nähe und Verfügbarkeit; er zieht sie gewissermaßen an sich, mit den angedeuteten Wirkungen.
Die Selbstanrede ***Catulle*** in der Schlussrede steht im Kontrast zum Vorausgehenden. Sie ist eine Art Rückbesinnung auf die eigene Existenz, ein Wieder-zu-sich-Kommen, schon daran erkennbar, dass die zweite Person des Personalpronomens (***tibi***) nun nicht mehr Lesbia meint, sondern ihn selbst. Der Dichter ist wieder auf Distanz gegangen zur Geliebten, wird sich daher bewusst, in welche Gefahr ihn die leidenschaftlich gesuchte Daseinsform in der Nähe der Frau, die einen göttergleich sein lässt, letztlich bringt, in die Gefahr der Selbstvernichtung: ***perdere.***
Die inneren Bezüge des Gedichtes, die hier von Strophe 1 bis Strophe 4 zu erfassen sind, lassen die Schlussstrophe als notwendigen Teil der Gesamtaussage erkennen; sie ist nicht fremd oder gar unvereinbar mit dem Vorausgehenden.[37]
Die ***otium***-Strophe bringt eine durchaus plausible Position zur Geltung, ja ihr kommt sogar eine gewisse prospektive Bedeutung zu: Sie lässt Kommendes, Dunkles schon zu Beginn erahnen.[38]

37) Zur Problematik des Zusammenhangs der Schlussstrophe mit dem Rest des Gedichts vgl. vor allem HEINE, a. O., 70ff. (hier die vorangehende Literatur) und SYNDIKUS, Bd. I, 201ff. Neuerdings MAURACH, a. O., 415ff. (er will darin „raffiniertes Formenspiel", also eine spielerische Übertreibung der Situation, erkennen).

38) Möglicherweise handelt es sich bei c.51 um ein Reflexionsgedicht, das in späterer Zeit als für diese Anfangssituation zutreffend geschrieben ist; die neueste Forschung hebt darauf ab. Vgl. BECK, a. O., bes. 273ff.; PETERSMANN, a. O., 47, erkennt in ***otium*** die Folge der „zerstörenden Leidenschaft", der im Glück angelegten Möglichkeit zur Selbstvernichtung. Auch hier ist also ein vorausweisender Aspekt in der letzten Strophe angenommen. Vgl. auch NICKEL, a. O., 8: „Catull fühlt sich als ***miser***, weil er an seiner Leidenschaft zu Lesbia krank geworden ist." Im ***otium*** liege in der geschichtlichen Auswirkung eine „Verfallsursache" und Catull beziehe diese Möglichkeit auf sein individuelles Schicksal.

c.51 in grafischer Analyse:

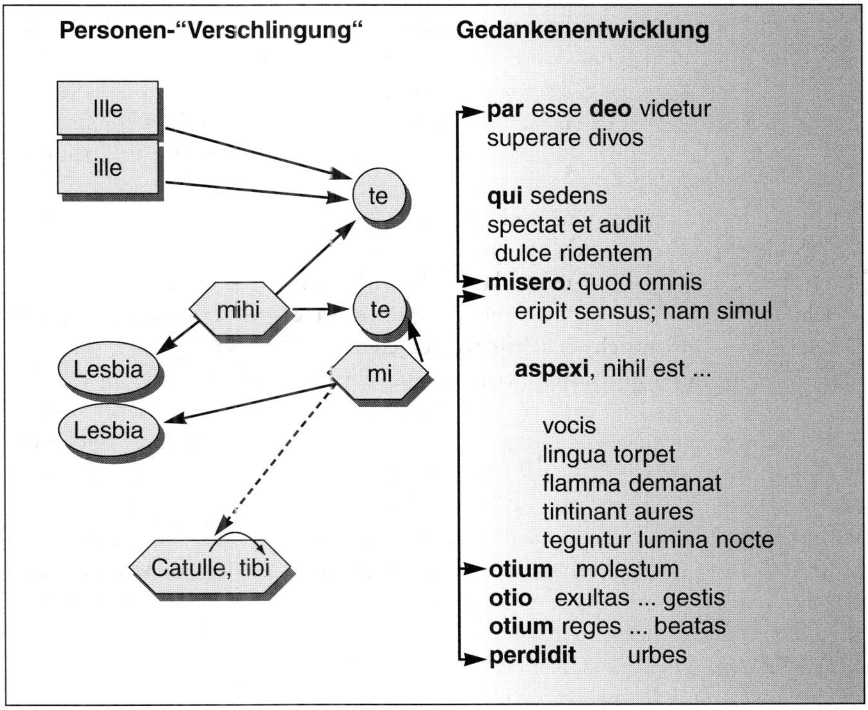

c.51 in grafischer Analyse von Josef Braun (1984):[39]

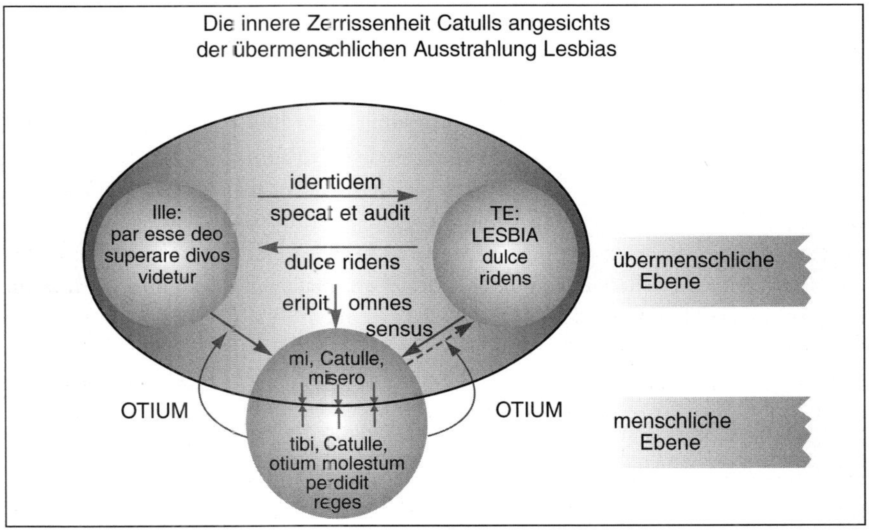

39) Entnommen aus einer Pädagogischen Seminararbeit, vorgelegt am Wittelsbacher-Gymnasium, München.

Exkurs:
Der Vergleich mit dem griechischen Vorbild des Sappho-Gedichts

Der Vergleich mit dem griechischen Original der SAPPHO (frg. 31 LOBEL/PAGE) ist bisher bewusst zurückgestellt worden; für den „Nur-Lateiner" bringt er auch kaum entscheidende Erkenntnisse, allenfalls, dass sich Catull hier an ein Vorbild in metrischer und gedanklich-inhaltlicher Hinsicht hält. Diese Gegenüberstellung der beiden Gedichte birgt, zumal wenn sie sehr früh kommt, die Gefahr in sich, dass die Catull'sche Aussageintention überdeckt wird, die Direktheit seiner emotionalisierten Sprache, überhaupt die Frische des Eindrucks, den seine Gefühlsäußerung macht, verloren gehen. Ohne Fähigkeit, den griechischen Originaltext zu verstehen, gelingt der Vergleich auch kaum, da die feinen sprachlichen Unterschiede nicht erkannt werden.
Der Behelf einer deutschen Übersetzung des Sappho-Gedichtes kann nur an der Oberfläche einiges deutlich machen:

„Der Mann macht mir den Eindruck, Götterkraft zu haben, der dir gegenübersitzt und in deiner Nähe auf deine süße Stimme, dein reizendes Lächeln hört. Das verstört mir wirklich das Herz in der Brust. So ich dich nur ein wenig ansehe, so bring ich keinen Ton heraus, sondern meine Zunge ist zerbrochen, ein feines Feuer läuft mir sofort unter der Haut hin; die Augen haben keine Sehkraft mehr; die Ohren sausen
– (hier fehlt der größte Teil von v.13: „ich bin schweißübergossen") –;
Zittern ergreift mich ganz; fahler bin ich als Gras. Wenig fehlt, dass ich den Eindruck einer Leiche mache, Agallis. Allein alles muss ertragen werden, wenn es einmal so weit ist ..."[40]

Sowohl HEINE (S. 67ff.) als auch SYNDIKUS (S. 295) markieren die Unterschiede zwischen Sappho und Catull deutlich. Hier sei nur das festgehalten, was zur Profilierung des Gedichtes c.51 im Rahmen des Lesbia-Zyklus dienen kann: „Catull schiebt anstelle von Sapphos Vielfalt das Grundlegende in den Vordergrund: die Störung der entscheidenden Sinnesempfindungen ... „Die sprachliche Anlage in Strophe 2 und 3 als chiastisch zueinander gestellter Kolagruppen mit der pointierten Antithese (***lumina/nocte***) am Schluss lässt noch einmal die Verstörung des ganzen Menschen zu Bewusstsein kommen." Die Umformung, die Catull vorgenommen hat, ist „so wohl gelungen, dass er das fremde Gedicht zu einem Ausdruck seiner eigenen seelischen Lage, mit einem Wort: zu einem vollgültigen Lesbiagedicht, machen konnte." (SYNDIKUS, 256)[41]

---

40) v. WILAMOVITZ, U.: Sappho und Simonides. Berlin 1913 (Nachdruck 1966), 56ff.

41) Zum Vergleich von Sappho und Catull vgl. neuerdings LEFÈVRE, a. O., 324-328. Didaktische Hilfe zum Vergleich bei HÜRFELD, H.: Catull c. 51 - Sappho fr. 2D. Stundenbild einer vergleichenden Interpretation. In: Anregung 9 (1963), 385-388.

2.2 Wär ich doch dein Spatz! (c.2)

2
c.2

Die *passer*-Gedichte sind in der Überlieferung an den Anfang der Lesbia-Gedichte gestellt. Der Verfasser hat unmittelbar nach der Widmung seiner Gedichtsammlung mit diesen beiden Gedichten begonnen.[42] Sie gehören eindeutig in die Frühphase des Liebesverhältnisses, mögen sie nun echte, autobiographische Töne enthalten, also „reale Erlebnisse, Stimmungen und Gefühle“ vermitteln oder auch, wiewohl in der ich-Form vermittelt, „eine Fiktion sein“, wie die neuere Forschung es für möglich hält.[43]

Das erste *passer*-Gedicht c.2 stellt ein Tier in die Mitte der Aussage: einen Spatz oder Sperling; er stellt die Beziehung zwischen der Geliebten und dem Dichter her. Mag diese Form der Tierdichtung in der hellenistischen Epigrammatik auch einige Vorbilder haben, so hat, das ist die einhellige Erkenntnis der Catull-Kenner, der römische Dichter die Tradition zu etwas durchaus Neuem, Eigenem, Subjektivem umgeformt:[44] zu einem ernsthaften Liebesgedicht.

Das Gedicht ist als einziger Satz kunstvoll geformt, und zwar als Ausruf, mit dem Vokativ am Anfang und dem optativischen Satz am Ende; dazwischen steht ein mehrgliedriges Satzgefüge, das von einer parallel gebauten Relativsatz-Triade ausgeht und über einen *cum*-Satz und *ut*-Satz bis auf die 2. Gliedsatzebene abfällt:

c.2 in grafischer Analyse:

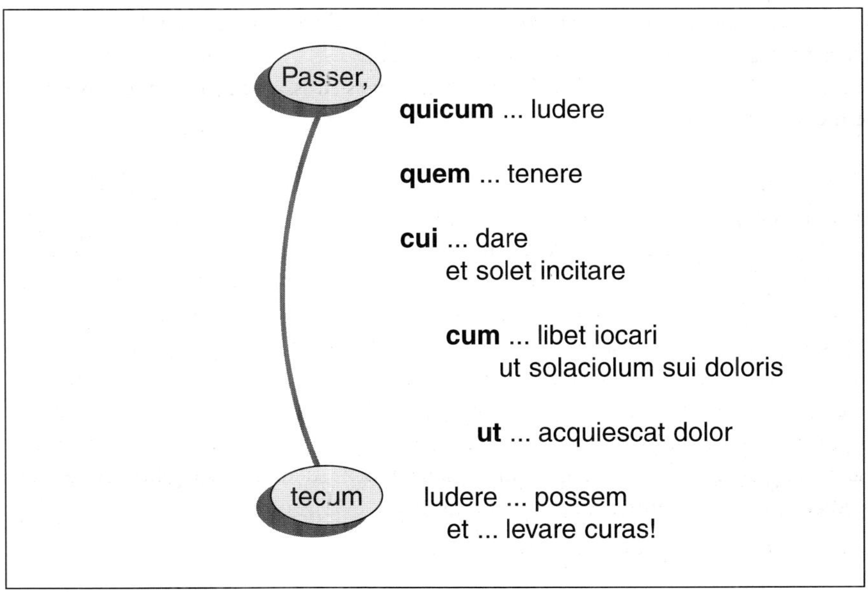

42) Zur literarischen Bedeutung der *passer*-Gedichte vgl. zuletzt bes. Kissel, W.: Der Spatz und das Mädchen. Catulls *Passer*-Gedichte. In: Umgang mit dem Erbe der Antike. In: Klassische Sprachen und Literaturen. Bd. XXX (hrg. von Neukam, P.).- München 1996, 34-47.

43) Vgl. Jan-Wilhelm Beck, a. O., 273f.

44) Vgl. Heine, 18.

Ein sehr kompaktes Satzgefüge, mit einer sehr gedrängten, dichten Aussage. SYNDIKUS stellt „einen einzigen großen Spannungsbogen" fest, der „von der ersten bis zur letzten Zeile reicht"[45].

Catull wollte gern mit dem ***passer*** spielen, der in dreifacher Form die Huld des Mädchens genießen darf:

Es pflegt

– mit ihm zu spielen

– ihn im Schoß zu halten

– ihm den Finger zum Anpicken hinzuhalten und ihn so zu Bissen zu reizen.

Der Vogel ist, wenn die Geliebte Lust hat, ihr Spielgefährte, die Möglichkeit, sich durch ihn als Trost ihres Schmerzes die bedrückende Glut der Leidenschaft beruhigen zu lassen. Der ***passer*** ist für Catull das Objekt seiner Ansprache und auch seines irrealen Wunsches. Könnte er doch mit dem Spatz so umgehen wie Lesbia selbst, wie diese ihren ***dolor*** und ***ardor*** beruhigt, so er selbst seine ***curae*** erleichtern! Liegen die Absicht und Möglichkeit der Frau noch ganz im Bereich Konvention – ein kleines Tier gibt Ablenkung, Trost und Beruhigung –, so ist des Dichters Ansinnen neu und überraschend; er möchte als Mann mit dem Lieblingstier seines Mädchens seinen Liebeskummer besänftigen: eine durchaus ernsthafte Passion. Welche Funktion hat das Tier hier demnach? Eine Mittlerfunktion; es ist der gemeinsame Bezugspunkt ihres Handelns bzw. Verlangens. Der ***passer*** ist für Catull nicht so sehr Objekt der Eifersucht, als vielmehr ... „das Sinnbild erträumter Gemeinsamkeit in seiner und Lesbias Liebe"[46]. Der Liebling des Mädchens sollte auch der Liebling Catulls sein. Da für Catull Lesbia Gegenstand seiner Sehnsucht ist (vgl. ***desiderium meum***), also die heiß begehrte Frau, unterstellt er ihr in seiner Wunschphantasie, dass sie beim Spiel mit dem Spatz ihr Liebesverlangen zu ihm ebenso beruhigen will und kann, wie er selbst glaubt, seinen Liebeskummer (***curae***) erleichtern zu können, wenn ihm derselbe Spatz zu ähnlichem Spiel zur Verfügung stünde. Ziel solchen Verlangens ist es, dadurch in ihrer engsten Nähe zu sein. Der ***passer*** ist demnach eine Art Brücke zur Geliebten.[47] Das Tier hat weder eine sexuelle Konnotation noch ist es Sex-Allegorie oder Sex-Metapher. Eine solche Deutung hat zuletzt WALTER KISSEL, wie ich meine, überzeugend widerlegt. „Die sexuelle Interpretation löst keine Probleme, im Gegenteil."[48] KISSEL sieht das Gedicht allerdings ganz in eine erotische Atmosphäre getaucht. Der ***passer*** interessiert Catull nicht als solcher, sondern nur insofern, als er die Wonne seines Mädchens darstellt. „Der Spatz nimmt – ungeachtet der auf ihn bezogenen Anrede – erkennbar Stellvertreterfunktion ein". Was Catull an Handlungen des Mädchens mit ihrem Spatz miterlebt, ist mit einem Vokabular benannt, das eine deutlich erotische Tönung hat:

---

45) SYNDIKUS, Bd. 1, 80.

46) HEINE, 19.

47) Siehe dazu SYNDIKUS, Bd. 1, 80f.

48) a. O., 47. In gleicher Weise lehnt JAN-WILHELM BECK, a. O., 264ff. eine solche Richtung in der Deutung der ***passer***-Gedichte grundsätzlich ab, mit guten Argumenten.

– *ludere:* „spielen"
– *tenere:* „im Arm halten"
– *mordere:* „beißen, d. h. leidenschaftlich küssen"
Auch die Beziehungsbezeichnungen weisen in dieselbe Richtung:
– *deliciae:* „Schatz", „Liebling"
– *desiderium meum:* „mein Traum", „meine Sehnsucht"
– *iocari:* „scherzen"
Zärtlichkeit wie auch Leidenschaftlichkeit dieses Spieles scheinen ihm erotischen Charakter anzunehmen. Lesbia scheint verliebt zu sein. „Und wen könnte Lesbia anders lieben als denjenigen, den sie als Augenzeugen an diesem ihren Spiel teilhaben lässt – also eben Catull."[49]
Catull will seine Verliebtheit auch dem ***passer*** gegenüber zum Ausdruck bringen können, nicht also gegenüber Lesbia selbst, sondern gegenüber ihrem Haustier. Doch Catull sagt das eine, meint jedoch das andere: der Sache nach fallen die beiden Wünsche zusammen. Das Spiel mit dem ***passer*** garantiert Lesbias Gegenwart. „Wenn Catull mit dem ***passer*** kosen will, dann eben ausschließlich, um dadurch der Geliebten nahe zu sein."[50] Was er gerne mit dem Spatz treiben möchte, wollte er gleich stark oder noch stärker mit der Angebeteten.
Dieses Doppelspiel hat HELMUT OFFERMANN vorzüglich in einer Grafik der Pointenführung herausgearbeitet:

c.2 in grafischer Analyse (Offermann):

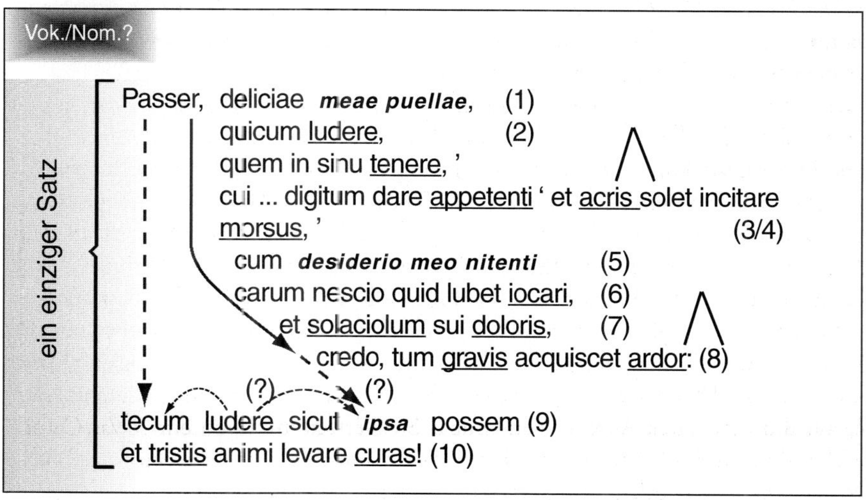

In dieser Grafik zeigt sich nach HELMUT OFFERMANN, „dass auch hier der Dichter schildert, wie seine Gedanken gewissermaßen selbständig eine andere Richtung nehmen, als der organisierende Verfasser es vorgeblich plant. Die Richtung der Satzbau-

49) KISSEL, a. O., 47f.
50) KISSEL, a. O., 42; s. auch SYNDIKUS, Bd. 1, 81.

struktur weist vom angesprochenen ***passer*** (aber schon hier beginnt die Doppeldeutigkeit, da ***passer*** auch Nominativ sein könnte) auf die beiden letzten Verse mit dem Wunsch, auch selber mit dem Sperling spielen zu dürfen. Doch schon mit der Nennung der ***puella*** (1) beginnt ein Gleiten, das immer mehr (unter dem Deckmantel des Spiels mit dem ***passer***) auf die Hoffnung Catulls, mit Lesbia „spielen" zu können, deutet. Wörter wie ***ludere***; ***in sinu tenere***; ***appetenti ... acris ... morsus*** ermöglichen dieses Doppelspiel. Dass dem so ist, macht auch die neuerliche Erinnerung an Lesbia ***in desiderio meo nitenti*** (5) wahrscheinlich.
Gleichzeitig lässt die Wortfolge ***iocari*** (6), ***solaciolum ... doloris*** (7), ***gravis ... ardor*** (8) bis ***tristis ... curas*** (10) erkennen, wie der Anteil an Empfindung immer heftiger wird, sich also der Gedanke vom bloß unverbindlichen Spiel mit dem kleinen Vogel löst.
Schließlich vermag die Grafik zu zeigen, wie sich in diesem Fall Catull noch in der Gewalt hat, sich noch nicht schrankenlose Äußerung des Gefühls erlaubt (9f. mündet wieder ein in die Linie des Beginns). Und sie zeigt, dass in diesem Gedicht, das ohne Zweifel in die Frühzeit der Beziehung zu Lesbia gehört, neben der Zartheit der Gefühlsäußerung schon erste Zweifel auftauchen: zu verschieden scheinen beide Menschen in ihrer Gefühlstiefe und -echtheit (zu Catull ordnen sich Begriffe wie ***tristis ... curas***, wohl auch schon ***gravis ... ardor***; zu Lesbia ***iocari*** und ***solaciolum ... doloris***)."[51]
Das erste ***passer***-Gedicht zeigt Catulls Kunst, das tiefe Gefühl seiner Liebe in verklausulierter Form und in zarten Tönen zum Ausdruck zu bringen; man muss es enträtseln. Der heißen Liebesglut scheint hier noch vorsichtige Zurückhaltung auferlegt.[52]

3
c.3

2.3 Trauert! Tot ist der Spatz (c.3)

Das zweite ***passer***-Gedicht stellt kaum geringere Anforderungen an die Interpretation. Auch hier schließt Catull an eine Tradition an, nämlich die des Grabgedichtes auf Tiere. Doch er bringt „durch die warme Anteilnahme des Dichters an dem Schmerz der Besitzerin, eben seiner Geliebten, etwas Neues in die Gattung."[53]
Catull ruft die Göttinnen der Liebe und Leidenschaft und alle liebeskundigen Menschen zur Trauer um den verstorbenen ***passer*** auf. Dem emphatisch an die Spitze des Gedichts gestellten Imperativ folgt die lapidare „Traueranzeige": ***„passer mortuus est meae puellae"***, die mit der Subscriptio versehen ist, dass es sich um den Liebling seines Mädchens handelt, den jenes mehr als ihr Augenlicht liebte. Diese

---

51) Zur Catull-Lektüre. Verstehen durch Vergleichen, a. O., 76f. Bei SYNDIKUS (a. O., 82) ist dies so ausgedrückt: „Catull hatte Lesbias Spiel mit dem Vögelchen ja wohl deshalb mit solchem Wohlgefallen betrachtet, weil er darin insgeheim ein Abbild des Liebesspiels sah, nach dem er verlangte."

52) Vgl. dazu STORCH, H.: Nähe und Ferne, a. O. 28. Für STORCH ist die Polarität von Nähe und Ferne in diesem Gedicht noch stark ausgeprägt; in ihm drückt sich „Liebessehnsucht" aus.

53) So HEINE, a. O., 20.

tiefe Zuneigung wird dann, mit *nam* angefügt, aus dem Verhalten des Tieres erklärt. Der im Perfekt formulierten Feststellung des Todes folgt die Aufzählung von Verhaltensgewohnheiten des Tieres; sie stehen im Imperfekt, dadurch als vergangen, doch zugleich als in der Vergangenheit dauerhaft so gegeben gekennzeichnet: ***mellitus erat – norat – movebat – pipiabat.***

Das Vöglein war ein Schoßtier, das sich an seine Herrin und an das sich die Herrin gewöhnt hatte. Das Tempus wechselt ins Präsens, in dem die augenblickliche Daseinsform des Tieres vergegenwärtigt wird: es geht durch das Reich der Schatten, von woher niemand, wie es heißt, zurückkommt. Diese Erkenntnis der Unwiderruflichkeit des Todes lässt im Dichter ein Gefühl des Ärgers, ja der Empörung aufkommen. Mit einem scharfen ***at*** wechseln Modus und Redeform. Diesmal Optativ (Konjunktiv Präsens) zum Ausdruck eines Fluches auf die üblen Schatten des Orkus, die direkt angesprochen werden. Sie, die alles Schöne verschlungen haben, haben ihm, Catull, auch einen so schönen Spatz genommen. Die Sprache steigert sich zu einem empörten Aufschrei: „O schlimmes Geschehen! O armseliger Spatz!" Am Ende eine Schuldzuweisung an ein „Du". ***Tua opera***: „Durch dein Zutun, deine Schuld sind die Augen meines Mädchens vom Weinen gerötet." Dieses Gegenüber ist der tote Spatz, dem Catull die Schuld an dem Unglück des Mädchens zuweist, aber dahinter steht der für den Tod des Tieres verantwortliche Orkus, der Gott der Unterwelt.

Der Text ist deutlich in einen Bezugsrahmen gespannt. Vom Ende her wird einsichtig, wie das Reich des Orkus zu den Mächten der Liebe und Leidenschaft in Widerspruch gebracht ist[54] – durch den Dichter, der über den Verlust des „Liebesbandes" empört ist, das zwischen ihm und dem Mädchen die Brücke hergestellt hatte. Der Spatz ist ihm genommen worden: ***mihi passerem abstulistis.***

Catull ist Lesbia offensichtlich sehr viel näher gekommen, ist mit ihr vertrauter. So kann er gleichsam als ihr Stellvertreter fungieren. Lesbias Rolle in diesem Trauerfall ist stark zurückgenommen, sie ist zwar genannt, aber es wird von ihr wie von einer Abwesenden berichtet: als der ehemaligen Besitzern des Spatzes (v.3f.), als derjenigen, deren Augen vom Weinen geschwollen und gerötet sind (v.17), als jener, die den Spatz mehr liebte als ihre Augen (v.5), als jener, von deren Schoß sich das Tier nicht entfernte (v.7), also immer im Gen. poss. ***meae puellae*** (3x) oder mit dem Ferne andeutenden ***illa / illius.*** Es ist so, als ob Catull feinfühlig auf die Leidtragende Rücksicht nähme.[55]

---

54) „So erscheint in der Darstellung des Dichters der Tod und das Totenreich als dunkles Kontrastbild zu der lichten Liebeswelt." SYNDIKUS, Bd. 1, 87.

55) HANS-PETER SYNDIKUS (Bd. 1, 84) lässt auch im zweiten ***passer***-Gedicht die Geliebte im Zentrum stehen, was daran erkennbar werde, „dass dreimal ein Vers mit den Worten ***meae puellae*** ausklingt"; doch scheint das nur formal richtig; gewiss ist ihm Lesbia im Kopfe ständig präsent, aber sie, die vom Trauerlied Betroffene, ist von dem unmittelbar im Vordergrund des Gedichtes Geschehenden fern gehalten; an keiner Stelle, wo sie erwähnt ist, wird sie aktiv. Gerade das zeugt wieder von der zarten Einfühlsamkeit des Dichters, von seinem Gespür für das, was er seiner Liebe und seiner Geliebten schuldig ist.

Als Hauptakteur tritt uns der Dichter selbst entgegen, allein schon an den beiden Apostrophen wird dies erkennbar, er spricht die *Veneres Cupidinesque* an und die ***malae tenebrae Orci***; er ist Auffordernder, Feststellender, Verfluchender, Anklagender. Gegenstand und Grund seiner Evokationen ist der ***passer***, dessen Leben und Tod durchgängiges Leitmotiv des Gedichtes ist: in Rekurrenz begegnet das Wort viermal, verwiesen durch Proformen wird darauf in *quem* (v.5) und *qui* (v.10). Das Gedicht entwickelt sich im Zueinander von Dichter und Spatz.
Dies wird auch in der Tempus- und Modusverteilung markant zur Geltung gebracht: Imperativ (Dichter), Indikativ (Spatz), Optativ (Dichter), Indikative (Spatz, Augen des Mädchens).

c.3 in grafischer Analyse:

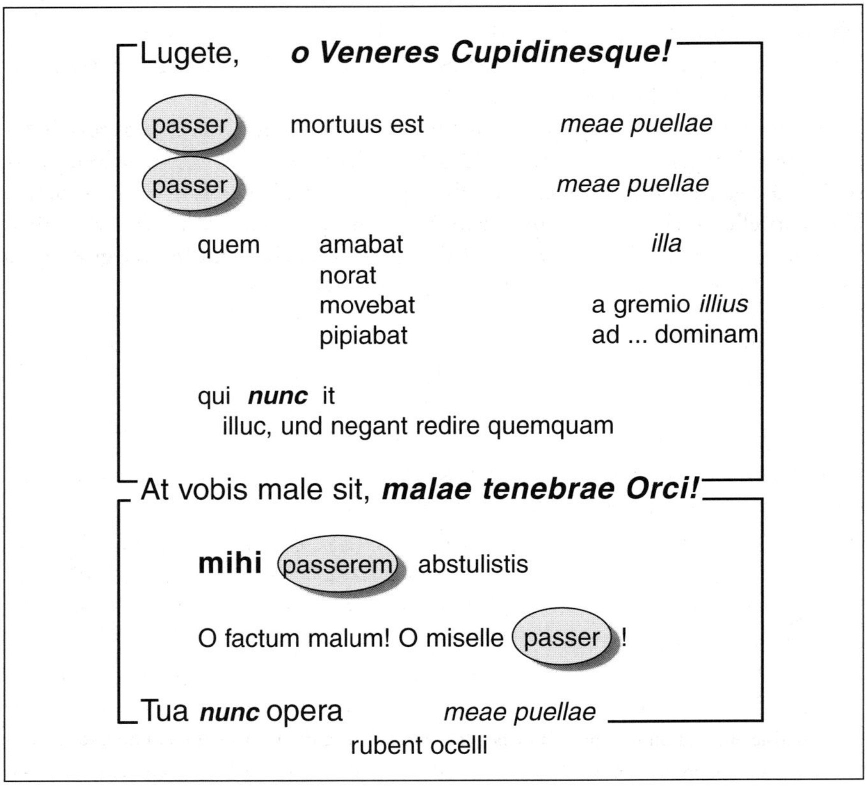

Aus der Textanalyse wird deutlich: Es liegt ein appellativer Text vor, mit stark aggressiven Tönen, in denen sich der Dichter an Instanzen wendet, an ein „Ihr“ und ein „Du“. Der Tod des Spatzes hat den Dichter so aufgebracht gegen die Herrschaft der Unterwelt, dass er sie verflucht und anklagt; er will sich in dieser Aggression gegen die Allgewalt dieses Phänomens der mittrauernden Sympathie aller Götter der Liebe und Leidenschaft, überhaupt aller liebesfähigen Menschen versichern.

Liebe und Tod stoßen aufeinander als im Grunde unvereinbare Größen. Das Jetzt (*nunc*), der gerade ablaufende Augenblick, in dem allein Liebe geschieht, gerät in Kontrast zur Ewigkeit des Todes, aus der bisher noch niemand zurückgekommen ist. Der Tod des Spatzes erhält einen fast philosophischen Deutungshintergrund.
Kann das alles ernst gemeint sein? Der kleine Anlass – die große Reaktion! Macht dieses Missverständnis das Gedicht nicht eher zur Parodie auf Trauer- und Grabepigramme für Tiere?[56] Wenn man den Ernst des c.2, mit dem c.3 in engster Verbindung steht, berücksichtigt, dann wird man auch im Trauergedicht auf den toten Spatz Catulls ernsthafte und tief empfundene Ergriffenheit, die sich zur Empörung steigert, erkennen und anerkennen. Es tritt uns auch hier seine Kunst der indirekten Bekundung seiner Liebe zu Lesbia entgegen. Am Grenzerlebnis des Todes wirken alle Zeichen der Liebe noch glaubwürdiger. „Die Liebespsychologie aller Zeiten weiß, dass die Übereinstimmung der Herzen auch in Kummer und Leid die Liebe erhöht.“[57] „Catull trauert, weil Lesbia trauert. Dieses Mitleiden und Mittrauern ist ein Beweis für die Größe und Unbedingtheit von Catulls Liebe“. So erweist sich auch c.3 „als wirkliches Liebesgedicht.“[58]
Betrachtet man die beiden ***passer***-Gedichte, wie es sich gehört, als aufeinander bezogen, dann darf gelten, was WALTER KISSEL als Ergebnis seiner Untersuchung feststellt: „Das ganze ***passer***-Thema dient als Medium, um Liebe mitteilbar zu machen. Die Vorstellung eines Spiels mit dem Vogel spiegelt die Sehnsucht nach dem Zusammensein mit der Geliebten; die Mittrauer anlässlich seines Todes legt Zeugnis ab von der Liebe des Dichters in all ihrer Bedingungslosigkeit.“[59]

---

56) Zur Einschätzung des Gedichtes als Parodie s. HEINE, 20f. HEINE lässt das Gedicht zwischen Parodie und Liebesgedicht schweben.
NICKELS Deutung, a. O., 16, dem Gedicht sei „der Charakter eines wirklich ernst gemeinten Trauerliedes“ genommen und Catull sei eigentlich dem Orkus dankbar, dass er den Spatz geraubt habe, weil Lesbia dadurch auf ihn allein angewiesen sei, trifft die Intention des Autors sicherlich nicht.
KISSEL, a. O., 45, lehnt zurecht die Annahme von parodistischen Zügen ab; er will darin „eher den Versuch des Dichters sehen, sich mit Lesbia in der Trauer um das tote Tier zu solidarisieren.“ Catull nimmt - als Liebender - am Schmerz der Geliebten teil, und zwar so aufrichtig und so nachhaltig, dass er den Verlust des Vögelchens selbst empfindet (v. 15: ***tam bellum mihi passerem abstulistis***).

57) SYNDIKUS, Bd. 1, 88.

58) KISSEL, a. O., 46; vgl. auch SYNDIKUS, Bd. 1, 84ff.

59) a. O. 47. HELMUT STORCH, Nähe und Ferne, a. O., 28, stellt in c.3 die gleiche Spannung von Nähe und Ferne zwischen Catull und Lesbia fest; dies ist insofern richtig, als der Dichter noch immer in der Situation des sehnsüchtigen Verlangens ist; doch hat die Interpretation gezeigt, dass er ihr innerlich - allein schon durch die Identifikation mit ihr anlässlich des Verlustes des Sperlings (***mihi passerem abstulistis***) - sehr viel näher gerückt ist als dies in c.2 der Fall ist.

4
c.5

2.4 Gib mir tausend Küsse! (c.5)

Das erste der ***basia***-Gedichte zeigt von den ersten Worten an, dass die Phase der vorsichtig werbenden Annäherung vorbei ist. „Mit dem Jubel und der Seligkeit erfüllter Liebe setzt das Gedicht ein.“[60] Es beginnt mit Hortativen, die an den Kraftstellen des 1. Verses, nämlich am Anfang und am Ende stehen, und dazwischen steht nur noch die unmittelbar angesprochene Geliebte: ***mea Lesbia***, nun mit Namen benannt und als ihm gehörig apostrophiert. Der Inhalt der appellativen Verbalaussagen zielt in das Zentrum der Liebesexistenz: Lasst uns leben und lieben! Unmittelbar! Das Erleben des Augenblicks ist gefordert. Die Indirektheit eines die Liebenden verbindenden Stellvertreters ist weg; es bedarf keiner Brücke mehr; sie sind zusammen.

In dieser Zweiheit, in der sie sich als Einheit begreifen sollen, setzen sie sich ab vom Gerede allzu strenger Alter, das sie keines Pfifferlings („keines Asses“) wert erachten mögen. Sie stellen sich als Liebende gegen die Konvention.[61] Ihre Chance sieht Catull im Nützen des Augenblicks. Sonnen können nämlich untergehen und wiederkehren. Aber sobald ihnen beiden einmal das kurze Lebenslicht ausgelöscht ist, haben sie eine ewige Nacht zu schlafen. Der Tod erscheint wieder als die Grenze der Liebe. Doch hier versteht sich der Gedanke an das Lebensende nur als Warnung davor, den Augenblick des Lebens und Liebens nicht ungenützt verstreichen zu lassen. Das Bewusstsein der Vergangenheit erhöht noch die Kostbarkeit des glücklichen Augenblicks.[62] In der hart aufeinander prallenden Antithese ***brevis lux / nox ... perpetua*** gewinnt dieses Bewusstsein den prägnanten sprachlichen Ausdruck.[63]

Die spontanste, impulsivste Form des Lebens in Liebe ist das Küssen. Deshalb verbindungslos (asyndetisch) der Übergang zum Imperativ des Küssens, die Aufforderung zu einer „wahren Kussorgie“[64]. Die Exaltiertheit in diesem Gefühl des ausgelassenen Küssens manifestiert sich in der Reihung von Zahlen, die das Übermaß der Küsse am Ende unberechenbar machen sollen.[65] Sie wollen ihre genaue

---

60) SYNDIKUS, Bd. 1, 92.

61) „Das Wort der Alten, das einmal in Rom viel gegolten hatte, ist ihm nur noch leeres Gerede.“ SYNDIKUS, Bd. 1, 93. Vgl. dazu auch KLINGNER, F.: Catull. In: Römische Geisteswelt. München 1961, 218.

62) SYNDIKUS, Bd. 1, 93f. Vgl. auch V. ALBRECHT; Catull, Dichter der Liebe und Gestalt seiner Epoche, a. O., 20.

63) Die Wirkung dieses Kontrastes ist von CHR. P. SEGAL (Catull c. 5 und c. 7: Gegensätze und Entsprechungen. In: Catull, Wege der Forschung, hrsg. von HEINE, R., Darmstadt 1975, 272) eindrucksvoll herausgestellt worden: „Ein Teil der tiefen Wirkung des Gedichts 5 liegt auch in der konsequenten Entwicklung und Gegenüberstellung der großen Grundbedingungen unseres Seins: Leben und Liebe gegenüber Alter und Tod; Sonne und Licht gegenüber Nacht und Finsternis; unendliche Vielfalt gegenüber Zahl und Grenze; die unmittelbare Beteiligung von Leidenschaft und Tat gegenüber distanzierter Beobachtung und Berechnung.“

64) So JAN-WILHELM BECK, a. O., 139.

65) „Das Zeichen des Liebestaumels, in den sich Catull stürzen möchte, sind Zahlenreihen, die er aufeinander häuft. Und wenn schon die Zahl Tausend für eine unzählbare Menge gesetzt

Zahl selbst nicht mehr wissen oder es sollte kein böser Neider auftreten können, wenn er von deren Zahl genau wüsste. Im Grunde ist wohl die überquellende Fülle von Küssen, die sich der Dichter von Lesbia erbittet, der Rausch der Zahlen, in den er sich stürzt, das Zeichen dafür, dass sich seine Sehnsucht nach der Geliebten erfüllt hat; er ist von ihr erhört worden.
Durch Modus- und Tempusverteilung zeigt das Gedicht eine Viergliederung: Hortativ – Indikativ – Imperativ – 1. Pers. Plural Futur (in der Funktion eines Hortativs).

c.5 in grafischer Analyse:

Aufforderung: **Vivamus, mea Lesbia**, atque **amemus!**

rumores ... unius **aestimemus** assis!

Feststellung: Soles occidere et redire possunt
cum ...

Nobis nox est ... una dormienda.

Befehl: **Da mi basia mille ... !**

Erwartung: Deinde ... **conturbabimus**
ne ... aut ne
cum ...

Das Textprofil zeigt deutlich den appellativen Charakter des Gedichts; der Dichter richtet sich unmittelbar mit Aufforderung und Befehl an seine Geliebte, die auch formal und gedanklich im Zentrum seiner Gefühlsäußerungen steht. Es gibt nur die Beziehung zwischen ihm und ihr. Sie wollen und sollen alles gemeinsam machen: das Leben, Lieben, Missachten der anderen, allzu gestrengen Leute, das Küssen, das Vermengen der Küsse. Ebenso bleibt die allgemeine Feststellung über den Gegensatz von Sonne und Einzelleben in der Dauer ihrer Existenz nur auf sie als gemeinsames Paar bezogen.
Auch der leidenschaftliche, überströmende Gefühlsausbruch, der für Catull aus der Freude über ein als gemeinsam empfundenes Glück kommt, erhält hier sozusagen wieder einen quasi philosophischen Hintergrund: Die allgemeine Existenzerfahrung des Todes wird zum Kontrast des Erlebens des Augenblicks. Dieser Gegensatz soll

werden kann, zielt diese Häufung von vielen Hunderten und Tausenden, diese Kette von nicht abreißenden *deinde, dein* ins Unendliche: Catull will kein Ende, ja nicht die kleinste Unterbrechung seines Glücks.“ SYNDIKUS, Bd. 1, 95.

die Augenblicksfreude steigern;[66] er relativiert sie aber zugleich, wodurch das Gedicht als Aufruf zur unendlichen Küsserei doch eine bemerkenswerte Tiefendimension erhält.
Dieses ***basium***-Gedicht handelt nicht vom schnellen, flüchtigen Küssen; Catull „meint vielmehr eine nicht enden wollende Küsserei mit dem von ihm angebeteten Mädchen. Das lässt doch eher an ein inniges, heißes, eng umschlungenes Küssen denken."[67] Mögen Catull auch literarische Vorbilder für derartige Gedichte zur Verfügung gestanden haben,[68] das Gedicht, „aus dem es zu uns wie Blut von unserem Blute rauscht" (WEINREICH), hat etwas Ursprüngliches an sich, ist voller Erbeben, es ist „aufrichtig und echt und eher sehr zärtlich gemeint"[69]; es ist in dieser Direktheit der Gefühle neu, ungewohnt und deshalb für römisches Empfinden damals anstößig. c.5 ist eines der Hauptzeugnisse, dass Catull gemeinhin als einer der Ersten in Rom gilt, der „eigene subjektive Empfindungen in seine Gedichte aufgenommen hat und als Wegbereiter der späteren Liebesdichtung ... sein eigenes Liebesglück und Liebesleid zum Thema wählte."[70], der „mit der Verabsolutierung seiner Lebenswelt eine Gegenposition gegen all das bezogen" hat, „was bis dahin in Rom Gültigkeit besaß."[71]

Zur Rezeption:

Da mi basia, da mi basia mille.
Schlafapfel.
Willst Du hier bleiben? Ja.
Meine Kehle ist dein.
Da mi basia, da mi basia mille.
Einen Augenblick lang berühren sich
in einer schmerzlichen Schräge
unsere Blicke.
Da mi basia, da mi basia mille.
Du schläfst ohne Traum.

Friederike Mayröcker (geb. 1924)

Als Kontrast:

Einzig
dieser eine Nachmittag, dieses eine
Akazienblatt, endlos fallend
durch diesen einen Augenblick aus Ruhe, dieses
eine Streichholz in ihrer Hand, diese eine
Zigarette, während der Motor lief, diese eine
endlose Sprachlosigkeit und dieses eine Zittern
auf ihrem Mund, dieser eine
Atem in diesem einen und einzelnen Kuss
einzig und einmal in so viel vergeudeten Tagen.

Christoph Meckel (geb. 1935)

---

66) „Der Gedanke an die Vergänglichkeit des Irdischen begründet den bewussten Genuss des Augenblicks, den Catull in den wenigen Jahren seines Lebens ausnützt, bis der lange Schlaf des Todes dem ein Ende bereitet." So GELDNER, Die Entwicklung der Liebe Catulls zu Lesbia, a. O., 379.

67) JAN-WILHELM BECK, a. O., 140.

68) Vgl. dazu genauer HEINE, a. O., 24.

69) BECK, a. O., 140. Anders HEINE, a. O., 26, der Zweifel an der Ernsthaftigkeit der ***basia***-Gedichte hat und hier eher „ein Ineinander von Ernst und Spiel" sieht.

70) BECK, a. O., 141.

71) SYNDIKUS, Bd. 1, 22. Vgl. auch BÜCHNER, K. (Vom Wesen römischer Lyrik. In: AU I, 2, 1951, 5): „Alles, was dem Römer Sinn gibt, Staat, Familie, Karriere, ist ihm nichts gegenüber dieser lebenserfüllenden Liebe."

2.5 Wie viele Küsse wären genug? (c.7)

5
c.7

Das zweite der *basia*-Gedichte hat einen anderen Charakter. Von vornherein fehlt ihm die Spontaneität, das Exaltierte, Hektische im Verlangen nach Liebe und deren Bezeugungen. Es beginnt mit einer fiktiven Frage Lesbias an ihn, wie viele Umarmungen mit ihr ihm denn genug seien. Die Reflexion herrscht vor, das Nachdenken über ihre Situation, über ihr Liebesverhältnis. Sich etwas durch fragendes Nachdenken vergegenwärtigen bedeutet, dazu auf Distanz zu gehen; der Evokation fehlt hier die Unmittelbarkeit; dazu passt eher die Abstraktbildung ***basiatio*** als „Kussvorgang", „das sich Umarmen im Küssen" als das mehr konkrete ***basium / basia***; HANS-JOACHIM GLÜCKLICH nimmt an, dass das Wort ***basiationes*** den Aspekt der Menge verstärkt;[72] das mag stimmen, eher wäre dabei freilich an eine Summierung der Küsse zu denken, über deren Grenze hier die Frage gestellt wird.
Das Tertium comparationis zwischen Wüstensand bzw. Himmelssternen und Liebesküssen ist die Unendlichkeit der Zahl. Für den antiken wie auch heutigen Menschen sind diese Bereiche wohl am bestmöglichen geeignet, das Nichtzählbare anschaulich zu verdeutlichen. Der Vergleich ist aber immer ein rationaler Vorgang, in den bewusst zwei Sphären in Beziehung zueinander gesetzt werden. Daran ist mehr das Hirn als das Herz beteiligt. Insofern zeigt auch dieses sprachliche Mittel die beginnende Rationalisierung des Liebesbundes an. Der rein emotionale Ausbruch im unersättlichen Kussbegehren in c.5 ist hier zweifellos zurückgedrängt zugunsten einer eher distanziert vorgenommenen Reflexion und Berechnung.
Diese Erkenntnis des Unterschiedes von c.5 und c.7 wird auch durch die Betrachtung der Textgestalt bestätigt.[73] Während c.5 in vier Teile zerfällt, die als eigenständige Aussagen das erreichte Lebensgefühl, Lebensglück unmittelbar ansprechen, im Wechsel von Hortativ, Feststellung, Imperativ, Erwartung, also fast ausschließlich in parataktischen Strukturen angelegt sind, zeigt c.7 nur zwei Teile, die sich jeweils als hypotaktisches Gefüge präsentieren. Es stehen sich zwei Perioden gegenüber, eine kurze und eine komplexe und sehr kompakte, und zwar als Frage und Antwort:

72) Catulls Gedichte im Unterricht, Lehrerkommentar, a. O., 29f.

73) Auf diesen Unterschied der beiden *basia*-Gedichte ist man offensichtlich auch in der Forschung noch nicht aufmerksam geworden. Auch die didaktische Umsetzung nimmt das nicht zum Ansatz der Interpretation. Bei GELDNER, a. O., 381, steht lediglich: „Catull unternimmt nicht die Anstrengung, Termini für seine heftige Liebesglut zu finden, sondern er versucht, sie zu beschreiben, indem er auf Gleichnisse zurückgreift." Schon zutreffender: „Er sieht sich selbst als sein Gegenüber, den ***vesanus Catullus***, aus einer gewissen Distanz." Folgerungen auf die Entwicklung des Liebesverhältnisses werden daraus allerdings nicht gezogen.

c.7 in grafischer Analyse:

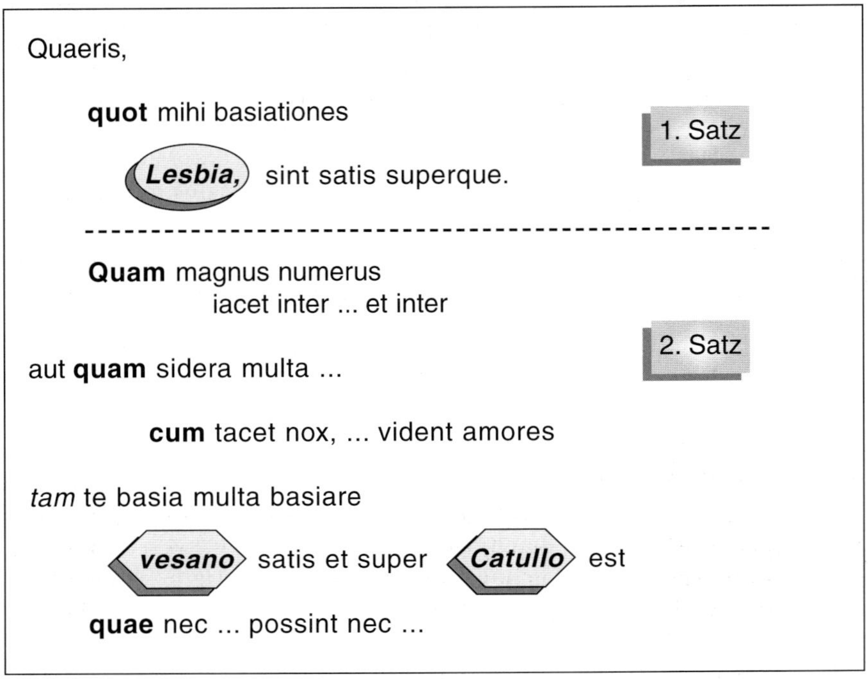

Der Text von c.7 ist kein appellativer Text, eher ein argumentativ-rhetorischer; er repräsentiert also eine ganz andere Textsorte. Dem Text fehlt trotz der sicherlich eindrucksvollen Bildhaftigkeit der Vergleiche die hintergründige, philosophische Tiefe.[74] Man darf sich fragen, ob in dieser Sprachverwendung, die das Gedicht zeigt, bereits die Andeutung dafür zu erkennen ist, dass sich das Liebesverhältnis zwischen Catull und Lesbia wieder abzukühlen begonnen hat. Jedem Leser muss das Fehlen der mitreißenden Vitalität auffallen, die das erste der ***basia***-Gedichte auszeichnet.[75]

74) GLÜCKLICH (Catulls Gedichte im Unterricht, 29), erkennt einen solchen philosophischen Ansatz in der Erwähnung der ***sidera multa*** am Sternenhimmel. „Was Küsse nachahmen, liegt zwischen dem endlichen Menschenleben und der Ewigkeit Gottes, nähert den Menschen ein wenig dem Unsterblichen, ist Persönlichkeitserweiterung und eine Intensivierung des Lebens als Ersatz für die verwehrte Unsterblichkeit.“ Damit scheint mir aber diese Stelle erheblich überinterpretiert; die Dimension der Ewigkeit ist in keinem Wort angedeutet.

75) Diese Veränderung der Grundkonstitution des Gedichtes ist weder in Rücksicht auf die Aussage noch auf die Textstruktur bisher erkannt worden. SYNDIKUS, Bd. 1, 99-104, sieht im zweiten der ***basia***-Gedichte eine Überhöhung des ersten. „Bei den Vergleichen scheint es ihm nicht auf Distanziertheit angekommen zu sein, sondern auf die Verlockungen des Unbekannten, und nicht Kühle war das Ziel, sondern das Ungewöhnliche und Überraschende.“ Das Andersartige wird zwar gespürt, aber auf den Gleichklang mit c.5 hin interpretiert.

Catull bezeichnet sich in diesem Gedicht als ***vesanus***, „wahnsinnig“, „rasend“, „überzogen“, wobei er sich nicht mit dem Personalpronomen benennt, sondern mit ***Catullus***; er geht offensichtlich zu sich selbst auf Distanz. Liegt in der Verwendung dieses an sich negativen Begriffs ***vesanus*** nicht nur die Absicht, sich in seiner übersteigerten Liebesleidenschaft von der in Rom gültigen Welt abzuheben, wie SYNDIKUS [76] annimmt, sondern vielleicht auch schon etwas an Selbstkritik, die ihm aus dem Nachdenken über sein Verhältnis mit dieser ihm nur unsicher gehörenden Frau und über deren mögliche Reaktionen, vielleicht beginnenden Enttäuschungen, bereits gekommen ist? Wenn das so wäre - und diese Deutung ist neu[77] – gäbe es einen fließenden Übergang zu c.8, in dem sich der Dichter ja bereits heftig selbst bedauert. Vom ***vesanus Catullus*** ist der Weg zum ***miser Catullus*** nicht weit.
Nichtsdestoweniger ist auch c.7 ein schönes Gedicht, das die seelische Grundbefindlichkeit des Dichters (das Empfinden erfüllter Liebe) und deren beginnende Verschiebung in ein anderes Extrem in zarten Tönen zeichnet.

2.6 Ertrag es, Catull! (c.8)

6
c.8

Von einem leidenschaftlichen Gefühlsrausch ist c.7 so weit entfernt wie Rom von Sirmio. Im Keime deutet sich womöglich dort schon der Umbruch an: die Peripetie des Glückserlebens. In c.8 ist auf jeden Fall alle Euphorie vorbei. Es ist ein Klagegedicht, in dem die düsteren Töne vorherrschen. SYNDIKUS nennt es „den einsamsten Monolog eines verzweifelten Dichters.“[78]
Der Dichter spricht zu sich selbst wie zu einer anderen Person, sich mit Namen nennend: ***Catulle***; es ist so, als ob er vor dem Spiegel stünde und sich selbst betrachtete. Und was er darin sieht, stimmt ihn nicht froh. ***Miser*** nennt er sich: „elend“, „erbärmlich“ und er verlangt von sich (im Optativ), dass er von seinem Wahn ablasse, sich nicht weiter ‚wie ein Narr aufführe“. In diesem ***ineptire*** setzt sich die Selbstcharakterisierung mit ***vesanus*** von c.7 fort, wobei hier das Wort zweifellos eine negative Konnotation hat[79]; alle nachfolgenden Hinweise auf die Stimmung des Dichters weisen ja in diese Richtung.[80]

---

76) Bd. 1, 104.

77) Die Forschung erkennt in c.7 ein Zwillingsstück zu c.5, wobei beide Gedichte, wie es scheint, eineiige Zwillinge darstellen. Der doch ins Auge springende Unterschied in Sprache, Textstruktur und Aussage ist, soweit ich sehe, nirgends bisher so herausgearbeitet.

78) Bd. 1, 106. PETERSMANN, a. O., weist darauf hin, dass die Selbstapostrophe ***Catulle*** in aller Regel nur in ernstem Kontext anzutreffen ist.

79) ***ineptire*** ist ein kräftiges Wort, als Synonyme gelten ***delirare, insanire***.

80) Dabei gehen wir von der Annahme aus, dass dieses Gedicht von Catull in vollem Ernst geschrieben ist und es den Bruch im Liebesverhältnis zum Gegenstand hat. Keineswegs kann mit HEINE (a. O., 26ff.) und anderen davon ausgegangen werden, dass hier eine Situation vorliegt, in der Lesbia vielleicht Catulls etwas überdrüssig geworden ist, ihre Liebe vielleicht nachgelassen hat und der Dichter die Geliebte mit diesem Poem wieder zur Räson bringen will. Das Lied gehört, wie auch SYNDIKUS (a. O., 107ff.) und andere annehmen, durchaus der Zeit des Leids und der Trennung an.

Analysieren wir das Gedicht mit textgrammatischen Mitteln! Das Gedicht zeigt drei Schwerpunktstellen, an denen sich der Dichter unmittelbar mit Wunsch und Befehl an sich selbst wendet. Am Anfang, in der Mitte und am Ende. Zwischen diesen drei Selbstaufforderungen: 1. ***desinas, ducas*** (v.1f.) – 2. ***noli ... nec ... sectare*** (v.9f.), ***sed perfer ...*** – 3. ***obdura*** (v.19) liegen Aussagen, die das Mädchen, Lesbia, betreffen, zunächst die Vergangenheit im Zusammensein mit ihr, dann die Zukunft in Trennung voneinander. Der Erfahrungsraum, in dem sich das Thema entwickelt, gliedert sich demnach deutlich in fünf Zeit-Abschnitte: Gegenwart – Vergangenheit – Gegenwart – Zukunft – Gegenwart.
Einige Zeitadverbien (***quondam*** v.3; ***nunc*** v.9) bestätigen dies ebenso wie besonders die Tempus- und Modusverteilung ① Optativ (in der Gegenwart): ***desinas – ducas*** ② Imperfekt Perfekt ***fulsere ... fiebant ... fulsere*** ③ Imperativ: ***noli nec sectare nec vive ...*** ④ Futur: ***requiret, rogabit ... basiabis, mordebis.***
Als Zentrum des Gedichts kristallisiert sich die in v.9 stehende nüchterne Feststellung heraus: ***nunc iam illa non vult***; es ist die Analyse seiner Gegenwartslage: Nun will sie nicht mehr; sie hat das Verhältnis beendet, mit ihm Schluss gemacht. In seiner Depression gibt er sich einen plötzlichen Ruck; mit lauter Imperativen fordert er sich, den Schwächling (***impotens***), auf, gleichermaßen nicht mehr zu wollen, sie, die sie vor ihm flieht, nicht weiter zu verfolgen und nicht weiter so erbärmlich dahinzuleben. Dieser Appell folgt auf die Erinnerung an die schöne Zeit der vergangenen Liebe, wo ihnen beiden strahlend die Sonne leuchtete und er mit dem Mädchen ging, wohin sie ihn führte, geliebt von ihm, wie kein Mädchen mehr geliebt werden wird, wo sie Spaß und Freude miteinander hatten.
Die Erinnerung an die zauberhafte Vergangenheit, an das einstmals erfüllte Liebesglück, in die er sich traumvergessen hingibt, reißt ihn aus der Verzweiflung des Augenblicks,[81] in dem er sich krank und elend fühlt.[82]
Das ***tu quoque*** (v.9) markiert die Schnittstelle des Gedichts, genau dort stehend, wo es in je 9 ½ Verse zerfällt. Mit direktem Appell an das ***tu*** und den folgenden Imperativen bekommt die Aussage einen anderen Klang. War die Stimmung zuerst Resignation („Gib doch verloren, von dem du siehst, dass es verloren ist!") und romantische Rückbesinnung auf eine schöne Zeit, so herrschen nun (v.9ff.) wieder – im Bewusstsein der traurigen Wirklichkeit – Töne der trotzigen Härte, der Drohung, der Beschimpfung vor. Leb wohl, Mädchen! Catull wird dich nicht mehr belästigen. Doch du wirst auch leiden (müssen). Du Verbrecherin, wehe dir! Niemand wirst du mehr zur Liebe, zu deinen Liebesspielen haben. (Letzteres wohl mit dem Unterton der Angst versehen, dass einer wie Lesbia sehr schnell ein 'Ersatzmann' für Catull zur Verfügung stehen wird.) Die Zukunft beschreibt nur, welches Schicksal er für das Mädchen in seiner Phantasie ausgedacht hat.

---

81) Diese Stelle der Erinnerung an die einst strahlende Vergangenheit ist bei SYNDIKUS, Bd. 1, 108, vortrefflich interpretiert. Vgl. auch NICKEL, a. O., 22ff.

82) Das ***miser*** bezeichnet den schon in c.51 mit demselben Wort angedeuteten Zustand des Gelähmtseins, das sich jetzt nach der Peripetie des Liebesbundes ins Extrem verstärkt hat. „***Miser*** meint auch die Hilflosigkeit, in der Catull seinen Gefühlen gegenübersteht." So NICKEL, a. O., 23.

Der Schlussvers zielt wieder auf die Gegenwart des Dichters mit einem Imperativ an Catull: ***Catulle***; nun fehlt das Adjektiv ***miser*** im Gegensatz zum Catulle am Anfang, mit dem der Schluss korrespondiert, auch wieder in dem an sich selbst gerichteten Befehl, nämlich sich nicht mehr hängen zu lassen, sondern sich seinerseits ihr zu versagen, in Trotz und Härte.
Auch die Personenverteilung gibt Aufschluss über die Aussageabsicht des Gedichtes und bestätigt den bisherigen Befund. An den drei Selbstaufforderungsstellen ist der Dichter der von ihm Angesprochene: ***Catulle*** (v.1), ***tu*** (v.9), ***Catulle*** (v.19). Im Rückblick auf die Vergangenheit (v.5 - 9½) ist er selbst als der vom Glück Betroffene die Hauptfigur; das Personalpronomen der 2. Person ***tibi*** (v.3/8), ***tu*** (v.7) und die 2. Person der Prädikate ***ventitabas*** (v.4) / ***volebas*** (v.7) meint ihn. Im Vorblick auf die Zukunft (v.12 - 18) ist das Mädchen, als die in seiner Wunschphantasie von Schmerz und Elend Bedrohte, die Hauptfigur. Hier bezeichnet das Personalpronomen der 2. Person das Mädchen Lesbia; ***te*** (v.13), ***tu*** (v.14), ***te*** (v.15), ***tibi*** (v.15), ***te*** (v.16) und ebenso die 2. Pers. des Prädikats ***dolebis*** (v.14), ***vagaberis*** (v.4), ***videberis*** (v.17), ***amabis / diceris*** (v.17); ***basiabis / mordebis*** (v.18).

c. 8 in grafischer Analyse:

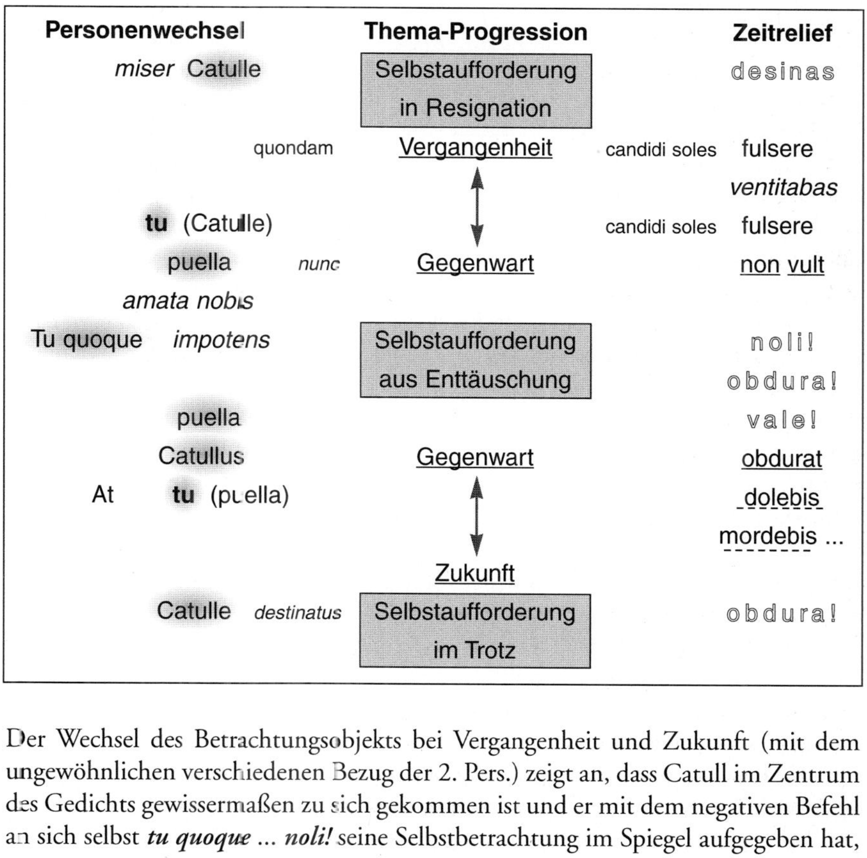

Der Wechsel des Betrachtungsobjekts bei Vergangenheit und Zukunft (mit dem ungewöhnlichen verschiedenen Bezug der 2. Pers.) zeigt an, dass Catull im Zentrum des Gedichts gewissermaßen zu sich gekommen ist und er mit dem negativen Befehl an sich selbst ***tu quoque ... noli!*** seine Selbstbetrachtung im Spiegel aufgegeben hat,

gewissermaßen zu seinem „Ich" zurückgekehrt ist und sich so ganz in der sich selbst anbefohlenen Duldsamkeit und Beherrschung dem Mädchen als dem eigentlichen „Du" zuwendet, dem, da er ihm fehlen wird, keine gute Zukunft bevorsteht (richtiger: bevorstehen soll). So gelingt es ihm, sein Unglücksgefühl (***miser***) auf das Mädchen zu projizieren, ohne allerdings den Eindruck vermeiden zu können, dass er trotz allem mit allen Fasern seines Herzens immer noch an Lesbia hängt.[83]
Der Rückblick erfolgt mit Bedauern im Hinblick auf sich selbst, der Vorausblick mit Klagen, Drohen, Bedauern in Hinsicht auf das Mädchen.

Das Zeit- und Interessenprofil des Gedichts:

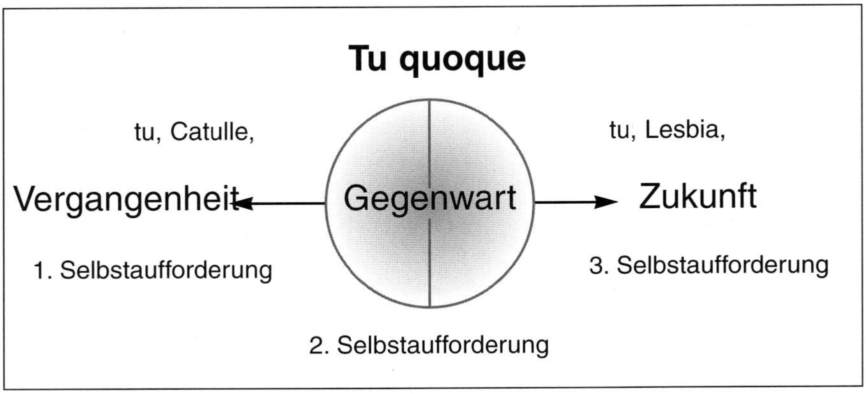

Das Gedicht zeugt von der Verunsicherung des Dichters infolge der Enttäuschung, die ihm die einst Geliebte bereitet hat; er ist innerlich so zerrissen, dass ihm die Selbstidentifikation, das Finden eines eigenen festen Standorts nur durch krampfhafte Durchhalte- oder Aushalteappelle gelingt. Denn hinter der Härte und Sturheit, zu der er sich auffordert, steckt insgeheim der ungestillte Wunsch, das Verhältnis zur Geliebten fortzusetzen; das eine spielt sich im Kopf ab, das andere im Herzen. Er ist voller Zorn auf Lesbia, doch liebt er sie noch immer. Er will das Mädchen eigentlich zur Umkehr auffordern.[84]
Catulls c.8 zeichnet, was in der Seele des von der Geliebten Verstoßenen vor sich geht, an Empfindungen, Erregungen, Erinnerungen, Nöten, Hoffnungen, Klagen, Wünschen, Drohungen, Ängsten, so einfühlsam, griffig und lebensnah nach, dass

83) Von einer „ironischen Distanzierung von seinen Gefühlen", die H. GELDNER, a. O., 385, erkennen will, ist im Gedicht selbst wenig zu spüren. „Es gelingt ihm, seine Gefühle zu überwinden, indem er sich ironisch von ihnen distanziert. Der vernünftige Catull fordert den unvernünftigen Catull auf ..., das Verlorene verloren zu geben und hart zu bleiben." Diese Deutung verkennt das unauflösliche Dilemma, in dem Catull hier schon in seinem Verhältnis zu Lesbia steckt und das ihn bis zum Ende immer schlimmer belastet, ja existentiell bedroht. Richtig NICKEL, a. O., 23: „Das carmen 8 veranschaulicht ... das Hin- und Hergerissensein des Dichters, die innere Zerrissenheit, die Not, in der er sich befindet."

84) Vgl. dazu SYNDIKUS, Bd. 1, 109ff.: „Etwas von der Unauflösbarkeit der Wirklichkeiten unserer Seele, wie es in dem berühmten ***odi et amo*** zu Tage tritt, lebt auch schon in den Gefühls-

sich ähnlich Betroffene durchaus darin wieder entdecken können. Das Gedicht spricht einen unmittelbar an; es ist „tief ergreifend“.[85]

Die Analyse, die HELMUT OFFERMANN (a. O. 75) von der gedanklichen Entwicklung gibt, ist insofern auch hilfreich für das Verständnis des Gedichts, als sie die Strophen in eine überschaubare grafische Anordnung bringt; die Erkenntnisse sind ähnlich.

„Das Gleiten von der ersten Nennung des Namens Lesbia zur Erinnerung an Catulls einzigartige Liebe ist nicht nur bestimmt von dem bei Catull öfter zu beobachtenden Rückwärtsschreiten in die Vergangenheit (vgl. c.1; 101 u.a.), sondern wesentlich von der Scheu, die grausame Wirklichkeit auszusprechen. Hat er sich aber endlich durchgerungen, so wird die Rede grell und bitter bös. Hier steigern sich dann die Gegensätze (Catulls Liebe – Lesbias Verhalten) wechselseitig.

Dass wieder als Struktur die Einsätzigkeit gewählt ist, verwundert nach den oben gemachten Beobachtungen nicht mehr.

Die Schwierigkeit der Erklärung dieses Gedichts beruht zum Wesentlichen auf der

Catull c. 8

(1) Miser Catulle, desinas ineptire
(2) et quod vides perisse perditum ducas.
(3) fulsere quondam candidi tibi soles, *
(4) cum ventitabas quo puella ducebat
(5) amata nobis quantum amabitur nulla.
(6) ibi illa multa cum iocosa fiebant,
(7) quae tu volebas nec puella nolebat,
(8) fulsere vere candidi tibi soles.*

(9) nunc iam illa non volt: tu quoque impotens noli
(10) nec quae fugit sectare, nec miser vive,
(11) sed obstinata mente perfer, obdura. *
(12) vale puella. iam Catullus obdurat,
(13) nec te requiret nec rogabit invitam.
(14) at tu dolebis, cum rogaberis nulla.
(15) scelesta, vae te, quae tibi manet vita?
(16) quis nunc te adibit? cui videberis bella?
(17) quem nunc amabis? cuius esse diceris?
(18) quem basiabis? cui labella mordebis?

(19) at tu, Catulle, destinatus obdura. *

verschränkungen unseres Gedichts.“ - Mit Recht stellt HELMUT STORCH, Nähe und Ferne, a. O., 29f., fest, dass die Entfernung von Lesbia in c. 8 vorherrscht, in ihr aber die erlebte Nähe zur Geliebten aufgehoben und bewahrt wird. Catull sei einer Verzauberung Lesbias ausgeliefert, „die ihn durch die von ihm entworfenen Erinnerungs- und Zukunftsbilder immer noch in ihre gedankliche Nähe bringt und ihm gerade dadurch die Entfernung von ihr so schwierig macht.‘

85) So KROLL, zitiert bei HEINE, a. O., 26; hier weitere Zitate zur Beurteilung dieses Gedichts.

Darstellung der Bewegungsabläufe; die Graphik versucht das zweimalige Abgleiten des Gedankens vom vorgestellten Hauptanliegen (V.1; 9ff.; abschließend 19) sichtbar zu machen."

7 c.92/58

2.7 a) Verflucht! Wir lieben uns noch (c.92)

Die innere Unsicherheit des Dichters im Verhältnis zu Lesbia, die uns in c.8 bewusst ist, tritt uns auch in c.92 entgegen: ein Vierzeiler-Epigramm, das sehr kunstvoll gebaut ist:
Der Hexameter ist jeweils durch Enjambement eng an den Pentameter gebunden; der Pentameter-Rest ist durch Parallelismus und Antithese absichtlich in einen direkten Kontrast gebracht, durch die die Pointe der Aussage zur Geltung kommt.

c.92 in grafischer Analyse:

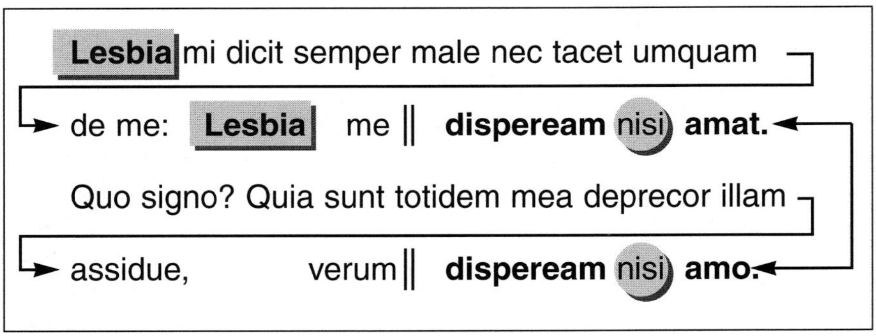

Hans-Peter Syndikus erkennt im ganzen Gedicht „eine sehr ausgewogene Ponderierung der einzelnen Teile."[86] Lesbia redet immer schlecht von ihrem Catull; sie schweigt nie über ihn. Daraus zieht der Dichter den paradoxen Schluss, dass sie ihn noch liebt: „Der Teufel soll mich holen, wenn Lesbia mich nicht noch liebt!" Er unterstellt der Frau, dass, wenn sie vom Geliebten ständig redet, selbst wenn es schlecht ist, sie innerlich nicht von ihm loskommt, dass das Gefühl der Verbundenheit so tief sitzt, dass es sich ständig in Worten entlädt. Catull lässt einen fiktiven Teilhaber an diesem Gedankenspiel, einen „imaginären Frager"[87] fragen, welches Zeichen er für die Richtigkeit seiner Annahme habe. Antwort: Weil bei ihm ebenso viele Anzeichen ähnlichen Verhaltens gegeben seien; er verwünscht sie ständig: Zum Teufel aber, wenn er sie nicht noch liebt. Wiederum projiziert Catull seine Gefühls- und Verhaltensdisposition auf Lesbia.[88] Er wünscht ihr Schlechtes, ver-

---

86) Bd. 1, 76.

87) So Heine, a. O., 89.

88) „Catull deutet das ***dicere male*** und das ***nec tacere umquam*** als Signum (Symptom) des ***amare***. Diese Deutung wünscht er sich wenigstens, weil er selbst sich ähnlich verhält (***deprecor***) und seine aus der Sicht der Unbeteiligten negative Empfindung als Liebe begreift." So Nickel, a. O., 14.

wünscht sie, zeigt sich von der rational kaum nachvollziehbaren Tatsache überzeugt, dass Lesbia dahinter steckt. Seine Gehässigkeit auf sie hat ihren Grund in der Liebe; wenn er sagt, dass er, sollte dies nicht so sein, lieber des Todes sein will, dann zeigt dies, wie sehr er seine ganze Existenz auf dieses Verhältnis gestellt hat.[89] Aus seiner Gefühlslage glaubt er, auf die seiner Geliebten schließen zu können, bei der er Ähnliches vermutet. Es ist sein tiefster Wunsch, dass dem so wäre. Aber es musste wohl unerfüllte Hoffnung bleiben.

Der Dichter weiss dies. Deshalb erkennen wir hier eher „ein Kopfschütteln über die Absurdität der Leidenschaft, der eigenen nicht weniger als der der Geliebten".[90] Catull ist innerlich zerrissen; er kommt von Lesbia nicht los, klammert sich an alles, was ihm Zeichen für einen Sinneswandel zu seinen Gunsten bei der geliebten Frau sein könnte; er schließt von dem Widerspruch des eigenen Herzens auf die Stimmung des anderen. Letztlich merkt man: Der Dichter ringt sich ein Bekenntnis zu seiner Liebe Lesbia gegenüber ab, doch es fällt ihm – trotz der gebrauchten Kraftausdrücke – schwer.[91]

b) Wie tief ist sie gesunken! (c.58)

Catull vertraut sich einem guten Freund an, Caelius;[92] er ist ihm in diesem Gedicht gewissermaßen Dialogpartner, ein Gegenüber, dessen Ansprache ihm die Vergegenwärtigung seines Schmerzes wegen Lesbia in Worten ermöglicht. Sein Kopf ist nach wie vor voll von Lesbia; dreimal nennt er sie hintereinander mit Namen ***„Lesbia nostra, Lesbia illa, illa Lesbia.*** Während das Possessiv-Pronomen ***nostra*** die Zugehörigkeit des Mädchens zu ihm, Catull, stark betont (im Sinne von ***Lesbia mea***)[93] – sein ganzes Sinnen und Denken kreist offensichtlich noch um die Geliebte –, bringt das ***illa*** einen anderen Ton in die Aussage. SYNDIKUS meint, dass das in die Ferne weisende Pronomen anzeigt, als würde Catull in die Vergangenheit zurücksinken und als bekäme sie wieder Gewalt über ihn, zumal im anschließenden Relativsatz die einstige Liebe in ihrer unwiederbringlichen Einmaligkeit gegenwärtig wird.[94] Sie als Einzige hat Catull mehr geliebt als sich und die Seinen. Es scheint jedoch in

89) Zu wenig tief greifend erscheint mir die Deutung dieser Stelle bei HANS-JOACHIM GLÜCKLICH, Catulls Gedichte im Unterricht, a. O., 75: „Catull setzt Lesbias und sein eigenes Verhalten in Parallele: beider Schimpfen auf den Partner lässt auf Liebe schließen; ob diese Parallelität auch bedeutet, dass sich die Partner finden, bleibt offen."

90) So SYNDIKUS, Bd. 3, 76.

91) Vgl. dazu SYNDIKUS, Bd. 3, 77f.

92) Ich schließe mich in der Identifikation des hier genannten Caelius HANS-PETER SYNDIKUS (a. O., 279) an; es kann damit nicht der bei Cicero in seiner Rede Pro Caelio verteidigte Caelius gemeint sein. Vgl. dazu auch GLÜCKLICH, Catulls Gedichte im Unterricht, 62.

93) Vgl. SYNDIKUS, Bd. 1, 279f.
Anders bei GLÜCKLICH, Catulls Gedichte im Unterricht, 60, der ***nostra*** auffasst, als würde Lesbia damit „aus der Intimität privaten Lebens in die totale Öffentlichkeit, allen Römern verfügbar" gemacht.

94) a. O., 280.

Vorbereitung auf die beiden Schlussverse in dem Distanz schaffenden ***illa*** schon ein abwertender Nebenton mitzuschwingen; jene berühmtberüchtigte, insofern stadtbekannte Frau, die einmal „unser“ war: Was treibt sie jetzt? „Sie treibt sich in den engen Gassen und auf den Straßenkreuzungen der Stadt herum und befriedigt die Enkel des edlen Remus“, sie treibt es mit allen Römern. Der Dichter gebraucht mit ***glubire*** „saugen“ (als Ausdruck für den oralen Geschlechtsverkehr) einen starken, obszönen Ausdruck. Unüberbietbare Liebe einst bei Catull und niedrigstes Ausleben des Sexualtriebes jetzt bei Lesbia – ***amavit*** und ***glubit*** stehen sich in scharfem Gegensatz schroff gegenüber. So eine ist sie geworden, jene, unsere Lesbia! „Ihre Ausschweifungen erscheinen ihm als das Leben einer Straßendirne.“[95] Catull ist darüber voller Schmerz und Verbitterung auf dieses Weib, das sich den Männern nun wahllos an den Hals wirft. Man mag diese ‘Anzeige’ als „Ausdruck der Fassungslosigkeit über etwas Unbegreifliches“[96] oder als einen „Notschrei“[97] beurteilen; deutlich ist: Lesbia ist dadurch verletzend bloßgestellt; sie ist ausgewiesen als jene „Dreigroschenhure“, als welche Cicero in seiner Rede ***„Pro Caelio“*** Clodia bezeichnet, in der man wohl doch Lesbia sehen darf. (Von diesem Gedicht aus lässt sich die Frage der Identität der beiden Frauen behandeln, wozu die im Textband abgedruckten Materialien hilfreich sein können.)

Die Anklageworte der beiden Schlussverse sind nicht frei von bitterem Hohn: Die hohe Dame der Gesellschaft in den engen Gassen und abgetretenen Kreuzungen, wo sich nur der Pöbel, das lichtscheue Gesindel aufhält. „In den Sackgassen blühte das Laster“, schreibt U. E. PAOLI.[98] Dort macht sie ihr „Geschäft mit den heruntergekommenen Römern“, das Bild von den ***Remi nepotes*** ist hier nicht als Parodie gebraucht, wie SYNDIKUS annimmt,[99] sondern weist einen Zug ins Sarkastische auf. Die Aussage ist viel zu ernst. Diese Invektive auf Lesbia ist von Hass diktiert.

95) SYNDIKUS, Bd. 1, 279.

96) SYNDIKUS, Bd. 1, 279.

97) WEINREICH, zitiert bei SYNDIKUS, Bd. 1,279.

98) Das Leben im alten Rom, Bern 1948, 73.

99) SYNDIKUS (Bd. 1, 282) spricht von den parodistischen ***Remi nepotes.***

c.58 in grafischer Analyse:

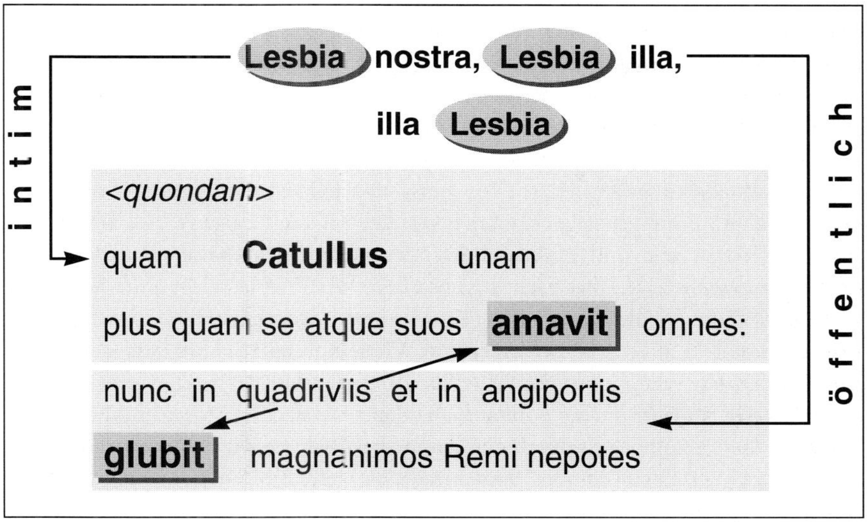

Wie schwer sich die Übersetzer tun mit der Wiedergabe des Kontrastes von ***amavit*** und ***glubit*** mögen folgende Beispiele zeigen:

THEODOR HEYSE (1889)

„Meine Lesbia, Guter, eben jene,
Jene Lesbia, die allen Catullus
Mehr aber sich und die Seinen all geliebet,
Auf Kreuzwegen anitzt, in Hintergässchen
Schält sie aus des erlauchten Remus Enkel."

CARL FISCHER (1995)

„Meine Lesbia, o Caelius, jene Lesbia,
Die Catullus dereinst und einzig liebte,
Mehr als alle die Seinen und sich selber:
Diese Lesbia belauert jetzt in düsteren
Seitengassen des edlen Remus Enkel."

WERNER EISENHUT (1956)

„Meine Lesbia, Caelius, jene Lesbia,
jene Lesbia, die Catullus einzig
Mehr als sich und die Seinen alle liebte,
Schält an Kreuzungen und in Seitengässchen
ab die Enkel des hochgemuten Remus."

MICHAEL VON ALBRECHT (1995)

„O Caelius! Meine Lesbia, die du kennst, Lesbia
die Einzige, die dein Catull mehr liebte
als sich selbst, mehr als die Seinen,
schröpft jetzt an Wegkreuzungen und in
Seitensträßchen die Enkel des hochgemuten Remus."

8
c.72/75

2.8 a) Einst und Jetzt (c.72)

Die dialektische Spannung zwischen Vergangenheit und Gegenwart, zwischen einst und jetzt, erfasst ein Urschema, mit dem sich der Mensch sein Lebensglück zu vergegenwärtigen scheint. In der Entwicklung des Verhältnisses von Catull und Lesbia tritt sie immer stärker zu Tage.[100] Bereits c.8 ist in diesem Kontrast angelegt; in c.56 deutet sich der Gegensatz in dem scharf gesetzten ***nunc*** an.

Das c.72 ist durch die Zeitadverbien ***quondam – nunc*** deutlich in die zwei Erfahrungsbereiche aufgegliedert. Das Einst und Jetzt werden begrifflich und inhaltlich scharf pointiert gegeneinander gestellt.[101] Catull fingiert ein Wechselgespräch zwischen sich und Lesbia. Er wendet sich in der zweiten Person an sie: ***Dicebas quondam ..., Lesbia.*** Die Spitzenstellung des Prädikats legt einen schweren Akzent auf dieses Wort: „Du sprachst einst immer, dass du nur den Catull kennst." Die im Imperfekt ausgedrückte Dauer und Wiederholung zeigt an, dass es sich hier geradezu um ein Versprechen handelte. Catull verstand diese Aussage offensichtlich als Treuewort, als ***fides*** in einem ***amicitia***-Verhältnis zwischen Mann und Frau. Sein Glauben daran wurde noch durch den Zusatz bestärkt, sie würde ihm sogar Jupiter nicht vorziehen. Dieses in der Sprachtradition gefestigte Bild („jemandem den Jupiter nicht vorziehen") empfand er als Gewähr für den absoluten Vorrang, den er allen anderen Männern gegenüber genieße. In der rückblickenden Vorstellung erscheint Catull sein Liebesverhältnis zu Lesbia durch ein Treueversprechen gesichert gewesen zu sein. Deshalb verwendet er hier, um seine Einstellung zur Frau angemessen zu bezeichnen, das Verbum ***diligere***, nicht ***amare***: ***diligere*** ist mehr eine Sache des Kopfes, der reflektierenden Besinnung, während ***amare*** von Herz, Gefühl, Leidenschaft bestimmt ist.[102] Das Lieben in einem geordneten Rechtsverhältnis, wie etwa zwischen Vater und Sohn, Vater und Schwiegersohn, ist ***diligere***, in dem auch eine moralische Konnotation mitschwingt. Als sein Liebesglück mit Lesbia am Höhepunkt war, damals war seine Liebe nicht bloß augenblicksabhängige erotische Gefühlsaufwallung – wenngleich dies ganz sicher auch in stärkstem Maße – sondern auch eine Liebe im Sinne von „Achten, Schätzen, Verehren" der „Erwählten" gegenüber (***diligere***: eigentlich „auswählen"). Zutreffend bemerkt ROLF HEINE dazu:

100) HORST MEUSEL (Catull-Gedichte im Unterricht. In: KREFELD, H.: Impulse für die lateinische Lektüre. - Frankfurt 1979, 52) sieht in der „Opposition von Einst und Jetzt ein Aufbauprinzip des Gedichtes."

101) GLÜCKLICH, Catulls Gedichte im Unterricht, 68f., sieht den Gegensatz auch in der Verwendung der Tempora ausgeprägt.

102) Vgl. dazu etwa MENGE, H. / SCHÖNBERGER, O.: Lateinische Synonymik. - Heidelberg 1959, 4, Stichwort: „Lieben". Vgl. dazu auch GLÜCKLICH, Catulls Gedichte im Unterricht, 69, der allerdings die rechtlich-moralische Seite des Problems der Liebe in dem verwendeten Begriff nicht anspricht.

„Catull antwortete einst auf das Versprechen Lesbias mit seinem aufrichtigen und ethisch bemühten *diligere*.“[103]

Die Gegenwart tritt dem Dichter total anders gegenüber; der Umschlag von der Freude der Rückerinnerung zur Gegenwart ist schneidend hart.[104] Durch die Spitzenstellung des *nunc* setzt Catull seine jetzige Gefühlslage scharf gegen die Erfahrung der Vergangenheit. Jetzt habe ich dich erkannt; jetzt weiß ich, was du für eine bist. Dein Treuewort hat nichts gegolten. Deshalb, wenn ich auch noch leidenschaftlicher nach dir „brenne“, wenn auch mein Blut nach dir noch stärker verlangt, so bist du nun doch um vieles wertloser und billiger geworden. Ich liebe dich noch (*amare*), aber „schätzen“, „verehren“ kann ich dich nicht mehr. Nach HEINE wird Catull von „quälender Aufspaltung in mehr sinnliche Glut, aber weniger sittliche Achtung bestimmt“.[105]

Liebe und Verachtung: Wie passen diese zusammen? Catull lässt Lesbia die Frage stellen: „Wie kann so etwas möglich sein?“ Die Antwort, die er darauf gibt, lässt nichts an Deutlichkeit zu wünschen übrig; sie bestätigt die vorausgehende Interpretation. Catull bezeichnet Lesbias Verhalten als *iniuria*, als Unrecht, Verstoß gegen ein Recht, so als ob in ihrem Verhältnis zueinander durch das Treueversprechen der Frau eine auf einem Recht gegründete Gemeinschaft zustande gekommen wäre (wie sie etwa zwischen Vater und Sohn und dergl. besteht). Er selbst jedoch empfindet Lesbias Untreue als Rechtsbruch.[106]

Solches Verhalten kann bei einem Liebenden zwar die zwanghafte Folge haben, dass er das Weib noch intensiver, leidenschaftlicher begehrt, ihr noch mehr verfallen ist (das ist eben das Paradoxon des *amor*); der Liebende kommt trotz Trennung von der Geliebten nicht los. Doch dieses Unrecht führt mit gleich starkem Zwang dazu, dass man der Frau weniger Gutes will, ihr weniger wohlwollend ist; sie weniger schätzt und achtet.[107] ***Iniuria*** schließt ein ***diligere*** aus. ***Diligere*** und ***bene velle*** liegen in

---

103) a. O., 82. Sehr deutlich erklärt SYNDIKUS (Bd. 1, 10f.) die Sinnschattierung und Funktion dieses ***diligere***: Catulls „Liebe soll so als etwas ganz und gar Uneigennütziges erscheinen, als treue, herzliche Zuneigung und Sorge für den anderen. Zu dieser Zeichnung der Liebe passt das Wort ***diligere*** sehr gut.“ Catull gebraucht das Wort hier „also zur Charakterisierung einer über leidenschaftliche Erregung hinaus gehenden herzlichen Liebe.“ Vgl. dazu auch COPLEY, F. O.: Gefühlskonflikte und ihre Bedeutung in den Lesbia-Gedichten Catulls. In: Wege der Forschung, Bd. CCCVIII (hrsg. von HEINE, R.), Darmstadt 1975, 292.

104) SYNDIKUS, Bd. 1, 11.

105) a. O., 83. „Die Flamme der Leidenschaft, die die physische Seite seiner Liebe ausmacht, ist immer heißer geworden, während seine geistige Achtung, die nicht-physische Seite, tiefer und tiefer gesunken ist.“ So COPLEY, a. O., 293.

106) „***Iniuria talis*** sagt alles: Lesbia hat etwas getan, das dem Liebesbund die Grundlage entzogen hat. Ein bewusster Akt der Treulosigkeit macht in Catulls Augen eine weitere Freundschaft unmöglich.“ SYNDIKUS, Bd. 3, 11.

107) Man kann hier in der Tat von einer „Absurdität der Situation“ sprechen, die darin besteht, „von einem Menschen, den man nicht mehr achten kann, doch nicht lassen zu können.“ So SYNDIKUS, Bd. 3, 12.

ihrem Inhalt und in ihrer ethischen Dimension nahe beieinander. „Weil es die formelhafte Bezeichnung der Verletzung der ***fides*** in der ***amicitia*** ist, wird durch sie das innerste Wesen derselben, das ***bene velle***, aufgehoben." So erklärt R. REITZENSTEIN[108] das hier auftretende rechtlich-moralische Problem.[109]
Die unkontrollierbaren Emotionen des Eros (***amor***) werden durch das provozierende Verhalten des Mädchens noch mehr gereizt, die mehr vom Verstand geleiteten Äußerungen der Achtung, liebenden Hochschätzung, des Wohlwollens werden dadurch eher gemindert.[110]
Mit Recht kommentiert HANS-JOACHIM GLÜCKLICH: „Eine innere Zerrissenheit, eine Zerstörung der Persönlichkeit, bahnt sich an, die Catull nicht steuern kann."[111] Catull liebt Lesbia immer noch, aber Gutes wollen kann er ihr nicht mehr. Übelwollen aber hat – nach Erkenntnis der Psychologie – in aller Regel Hass zur Grundlage.

c.72 in grafischer Analyse:

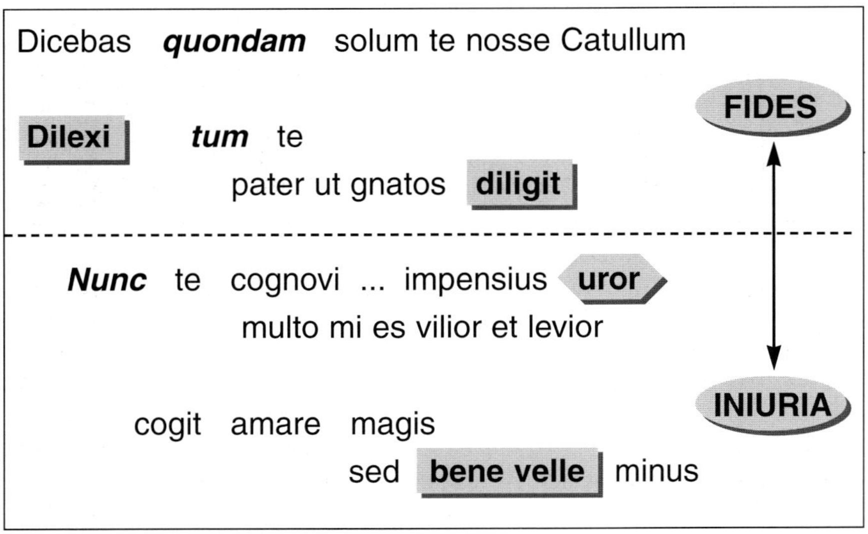

108) Zitiert bei HEINE, a. O., 82, Anm. 2.

109) Dazu hilfreich die Erklärung bei SYNDIKUS, Bd. 3, 12: „***Bene velle*** und das dazugehörige Substantiv bezeichnen ursprünglich eine Freundschaft. In Catulls Augen muss also die wahre Liebe alles das einschließen, was eine gute Freundschaft charakterisiert; sie kann auf Stetigkeit, Verlässlichkeit und Treue nicht verzichten." Vgl. dazu auch GELDNER, a. O., 386.

110) „Die Aufdeckung dieses Zwiespalts bildet das Thema der zweiten Gedichthälfte. In harten Antithesen prallen die Widersprüche des eigenen Inneren aufeinander." So SYNDIKUS, Bd. 3, 11.

111) Catulls Gedichte im Unterricht, 69.

b) Deine Schuld (c.75)

Die mentale Verfassung, die Catull, wie wir in c.72 erkennen können, in der Schlussphase seines Verhältnisses zu Lesbia immer stärker bestimmt, kennzeichnet er ausdrücklich in c.75 nochmals mit der selben Begrifflichkeit, hier noch drastischer und extremer. Dass er den Blick in sich hinein freigeben will, sagen die ersten Worte: ***Huc est mens deducta ...***

„Das ganze Ausmaß seiner Zerrissenheit“[112] macht uns der Dichter hier bewusst. Zwei Seelen toben in ihm; die eine lässt ihn nicht mehr Lesbia gegenüber wohlgesonnen, wohlwollend (***bene velle***) sein, selbst wenn sie sich als Beste, d.h. Anständigste erwiese, die andere aber lässt ihn nicht aufhören, eben diese Lesbia leidenschaftlich zu begehren (***amare***), selbst wenn sie alles, auch das Übelste täte.[113] Dieser, aus seinem gespaltenen Ich kommende, unauflösbare Widerspruch ist auch sprachlich kunstvoll geformt (v.3f.).

c.75 in grafischer Analyse (1):

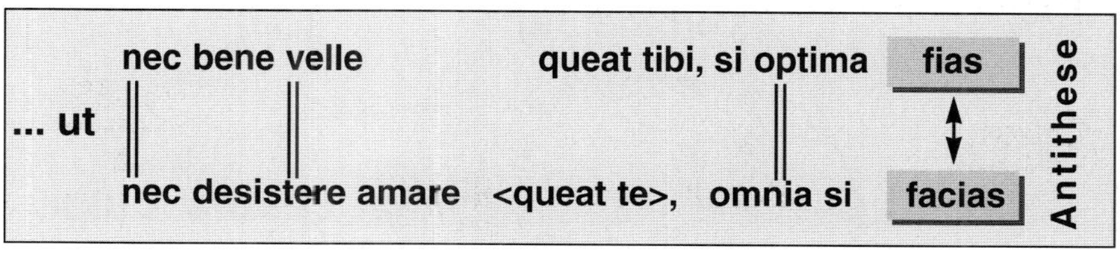

Der Parallelismus von Infinitiv und Kondizionalsatz mit der Ellipse des ***<queat te>*** im zweiten Kolon schafft eine scharfe formale Antithese, die die inhaltliche Aussage unterstützt; dazu trägt auch der Unterschied des Aktiv und Passiv bei: ***fias – facias***[114] Ganz bewusst hat Catull wieder die beiden Formen liebenden Verhaltens, ***bene velle*** und ***amare,*** in scharfen Kontrast zueinander gebracht. Mit normalen Worten ausgedrückt: Er kommt von Lesbia nicht los, selbst wenn sie aus sich Roms größte Hure machte; er kann ihr nicht mehr gut sein, selbst wenn sie zu einer Heiligen würde. Dass es so weit mit Catull gekommen ist, dass er in diesen „erschütternden seelischen Konflikt“[115] geraten ist, ist Lesbias Schuld. Wörtlich erklärt der Dichter

112) So SYNDIKUS, Bd. 3, 30.

113) NICKEL, a. O., 17, deutet ***optima fieri***: „die Beste werden“, „ein Engel werden“, „Vollkommenheit erreichen“, „absolut treu sein“ und ***omnia facere***: „alles tun“, „das Schlimmste tun“, „die größte Schuld auf sich laden“.

114) I. BRAAK (Poetik in Stichworten. Kiel 1972, 153) spricht hier von einer „Zuspitzung der Antithese bis zur scheinbaren Widersinnigkeit.“ Hier scheint mir Catulls Ausdrucksabsicht kaum richtig gedeutet; die Paradoxie seiner Formulierung trifft genau den seelischen Zustand, in den Catull - was allen sensiblen Männern widerfahren kann - in seinem jugendlichen Gefühlsrausch für eine offensichtlich schöne und reife Frau der Gesellschaft tatsächlich geraten ist, - in ein Unglück, das seine Persönlichkeit, sein Fühlen und Denken spaltet.

115) Heine, a. O., 84.

Lesbia zur Schuldigen – mit stilistischem Nachdruck durch das Hyperbaton: ***tua, mea Lesbia, culpa***. Das Wort ***culpa*** weist deutlich auf das ***iniuria*** in c.72 zurück, mit dem ihr Bruch des Treueverhältnisses bezeichnet wird. Schon im ersten Vers wird die Aussage des ganzen Epigramms in der gewählten Sprachform im Voraus angekündigt, gewissermaßen in der sprachlichen Gestalt gespiegelt. ROLF HEINE schreibt zutreffend: „***Tua*** und ***mea*** ... stehen in ähnlicher Weise äußerlich zusammen, wie Catull und Lesbia noch durch ***amare*** verbunden sind, haben aber syntaktisch nichts miteinander gemein, wie auch beide Menschen durch die Kluft der fehlenden ***benevolentia*** getrennt sind."[116]

c. 75 in grafischer Analyse (2):

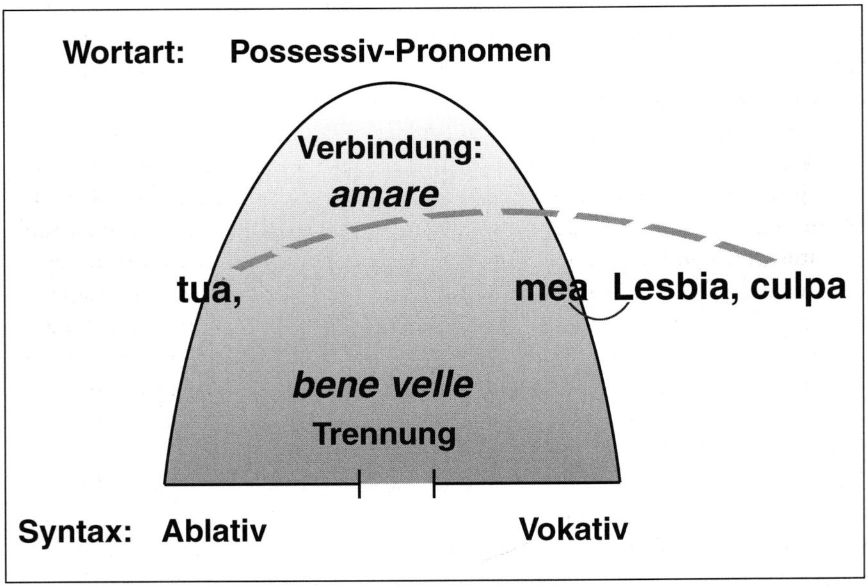

Wenn Catull Lesbia für seinen Gefühlszustand verantwortlich macht, dann projiziert er großenteils das, was in der Schwäche seiner Natur liegt, in die Frau: sein Verfallensein an das ihn offensichtlich faszinierende und dominierende Wesen, den geheimen Zwang des immer noch Verbundenseins mit der Frau; deren Art freilich ist es, nicht einem Manne trotz gegebenen Treuewortes treu bleiben zu können; insofern trägt sie gewiss eine Teilschuld am Schicksal des Dichters. Dieser ist – soweit es aus den Äußerungen Catulls fassbar wird – recht elend. Durch den Dienst für Lesbia – er fasst ihn gewissermaßen als eine Pflichtleistung (***officium***) für die Frau auf – hat er sich innerlich (***mens!***) so kaputt gemacht (***ita perdidit***), dass er

116) a. O., 84; bei HEINE ist die Kunstform des Gedichtes noch eingehender herausgearbeitet. Auch SYNDIKUS, (Bd. 3, 19) bemerkt, dass die formale Gestaltung des Epigramms auch ein Abbild des Abgrunds ist, der sich zwischen beiden „aufgetan hat". Er spricht bei dem Zusammenstoß von ***tua - mea*** von „schrillen Disharmonien".

unfähig ist, sich aus dem seelischen Dilemma zu befreien. In dem starken Wort ***perdere*** („zugrunde richten", „vernichten", „töten") deutet Catull seine absolut gefährdete Lebenslage, seine Existenznot an, die drohende Selbstzerstörung,[117] wozu ihn die unbedingte Liebe zu Lesbia gebracht hat.[118] In ihm ist etwas zerbrochen, was nicht mehr zu heilen ist. „Hier wird ein in der Liebe selbst liegender zerstörerischer Aspekt gezeigt" bemerkt zu Recht HANS-JOACHIM GLÜCKLICH.[119] Catull ist dabei trotz allem zu vollkommener Sprache fähig. Größte Seelenqual und höchste Formkunst verbinden sich in einer kaum mehr überbietbaren Weise zur Einheit.

2.9 a) Geliebt wie keine (c.87)

9
c.87/85

Das Epigramm c.87 lebt aus der Negation; durch das jeweils den Hexameter einleitende ***nulla*** (als Fem. Sing.) wird dies eindringlich signalisiert. Die Negation betrifft die Welt um die beiden Liebenden herum. Aus dieser Welt wird gewissermaßen die Existenzsphäre Catulls und Lesbias herausgeschnitten durch die Feststellung, dass es in ihr etwas gibt, was außerhalb nicht anzutreffen ist: Kein Weib unter allen auf der Welt kann sagen, sie sei je so geliebt worden wie Lesbia von ihm; keine Treue ward je in einem Liebesbund so groß befunden worden wie sein Verhältnis zu Lesbia. Der Dichter verleiht somit dem Bund zwischen ihm und der geliebten Frau einen Sonderstatus; er bekommt in seinen Worten etwas Ausschließliches und Einzigartiges.[120] Zudem gibt er dem Liebesbund die Bezeichnung ***foedus***, stellt ihn also quasi auf eine vertragsrechtliche Basis, wie einen Ehebund, in dem ***fides*** die notwendige Voraussetzung ist; er wertet die traditionellen Werte in subjektiver Erfahrung auf seine persönliche Lebens- und Liebessituation um.[121] Die getroffenen Feststellungen stehen in der Vergangenheit, dementsprechend ist das konstatierende Perfekt gesetzt:
– keine ist so geliebt worden wie meine Lesbia,
– keine Treue ist so groß befunden worden wie meine in der Liebe zu dir, Lesbia.
Was da geschrieben steht, betrifft das Einst; der mitdenkende Leser, der die längst eingespielte Dialektik von ***quondam*** und ***nunc*** aus den vorhergehenden Gedichten kennt, spürt, dass Catull hier bewusst das Gegenstück, das „Jetzt" ausgespart hat. Er sagt uns, was in der goldenen Zeit seines einstigen Liebesglückes gewesen ist und lässt uns erkennen, dass die gute Qualität dieses Verhältnisses „von seiner Seite"

---

117) So NICKEL, a. O., 17.

118) SYNDIKUS (Bd. 1, 20f.) macht deutlich, dass ***officium*** als der die Wechselbeziehung in einem Freundschaftsverhältnis bezeichnende Begriff hier von Catull sicherlich absichtlich gewählt ist. In ihm drückt sich aus, dass wie in der Freundschaft so auch in treuer Liebe Erwiderung und Gegenseitigkeit nötig sind. - „Wenn aber in einer treuen Liebe diese Erwiderung nicht zuteil wird, muss das eigene treue Handeln immer mehr als peinigend empfunden werden. In dem einen Wort ***perdidit*** wird dieser Sachverhalt sehr klar ausgedrückt; es wird deutlich, dass sich das eigene Herz durch sein Lieben in eine immer schwärzere Verzweiflung treibt, weil ihm jede Erwiderung fehlt.'

119) Catulls Gedichte im Unterricht, 71.

120) Vgl. dazu GLÜCKLICH, Catulls Gedichte im Unterricht, 78; siehe auch SYNDIKUS, Bd. 3, 64.

121) Vgl. dazu V. ALBRECHT, M.: Catull - Dichter der Liebe und Gestalt seiner Epoche, a. O., 16.

gewährleistet worden ist; seine Liebe ist echt und seine Treue ist so groß gewesen wie sonst nirgendwo und nirgendwann. SYNDIKUS weist dem ***ex parte ... mea*** eine Schlüsselfunktion des Gedichtes zu; diese Wendung bringt den gedanklichen und psychologischen „Umschlag", in dem sie jede Illusion der Gegenseitigkeit in der Liebe zwischen Catull und Lesbia zerstört.[122]
Unausgesprochen ist, dass sich von seiner Seite die Voraussetzungen zum Fortbestand des Verhältnisses nicht geändert haben. Und doch ist die Realität gegenüber früher total geändert, das Bündnis ist zerbrochen. Das Eigentliche, was Catull sagen möchte, ist verschwiegen. Dem Nichtgesagten kommt das Hauptgewicht zu; eine Aussage durch Schweigen, das als eine resignierende Anklage an die Geliebte wirkt. „Lesbias andere Haltung" (SYNDIKUS) soll dahinter spürbar werden. Dem kunstvoll gegossenen Bau des Vierzeilers (Anapher: ***nulla*** am Hexameter-Beginn; Epipher: ***mea est*** am Pentameter-Ende; Parallelismus im Satzgefüge: ***tantum – quantum / tanta – quanta***) fehlt die zweite Hälfte. Dem Leser aber ist diese gegenwärtig; er hat „Unausgesprochenes mitzufühlen", wie ROLF HEINE richtig erkennt.[123]
Hier wirkt für den Leser die Negation ***nulla***, die das Epigramm trägt, auch in der vorgestellten zweiten Hälfte weiter; er wird sie sich auch da als vorherrschend denken, etwa in dem Sinne: „Kein Mann kann sagen, dass er je so übel von seiner Geliebten betrogen worden ist und wird wie Catull jetzt."
Erkennt man die solchermaßen beabsichtigte Wirkung, dann deutet das Gedicht nirgends, auch nicht in der ersten Zeile, wie GLÜCKLICH[124] annimmt, ein Glücksgefühl des Dichters an; es sind Wehmut, Enttäuschung und Verzweiflung, die aus den geschriebenen Zeilen sprechen.[125] Wie ist ein junger Mann der Frau gegenüber, die er geliebt hat und von der ihn seine Leidenschaft auch jetzt nicht loskommen lässt – angesichts der Erfolglosigkeit seines Bemühens – wohl innerlich eingestellt? Nach aller 'Logik' des Herzens müsste er sie hassen.

122) Bd. 3, 65.

123) a. O., 97f. Nach HEINE ist c.87 „das deutlichste Beispiel für ein vom Dichter beabsichtigtes Mitdenken des Lesers, da hier das eigentliche Leben des Gedichtes erst aus der Spannung zwischen Gesagtem und Unausgesprochenem erwächst" ... „Der Gegensatz zwischen Gesagtem und Ungesagtem, zwischen objektiver Wiedergabe des Vergangenen und subjektiver Emotion in der Gegenwart" ist für HEINE das gestaltende Prinzip in c.87.

124) Catulls Gedichte im Unterricht, 78. Richtiger NICKEL, a. O., 21f.

125) Richtig HEINE, a. O., 98: „So verbergen sich unter der scheinbar sachlichen Berichterstattung über einen vergangenen Zustand Anklage und Verzweiflung, Leid und Resignation.

b) Ich hasse und liebe (c.85)

Am Schluss des Lesbia-Zyklus soll das berühmte c.85 stehen, in dem Catulls „leidenschaftliches Leben und dichterische Kunst wie in einem Brennpunkt zusammengefasst“[126] werden. „Das Epigramm erfasst seinen Gegenstand, auch wenn dieser emotional ist, in rationaler Form; das Rationale ist offenbar, die Emotion gleichsam eingekapselt oder inschriftartig fixiert.“[127]

Dieses zweizeilige Epigramm gilt als Kleinod der lateinischen Dichtung, es dürfte in der Weltliteratur seinesgleichen suchen.[128] Das Gedicht wirkt so sehr aus sich selbst und unmittelbar, durch nichts in die Distanz einer fernen Zeit gerückt, es trifft so direkt den Nerv des mitfühlenden Menschen, wirkt so echt, ist so vollendete Form, dass jeder Versuch, ihm in deutender Absicht näher zu treten, als Gewaltanwendung erscheinen muss. Und doch haben sich die Interpreten, Philologen wie Künstler, wohl an kaum einem anderen Poem mehr versucht als an diesem. Seine Schönheit, seine tiefsinnige existentielle Wahrheit fordern offensichtlich dazu heraus, seinem Geheimnis auf die Spur kommen zu wollen.

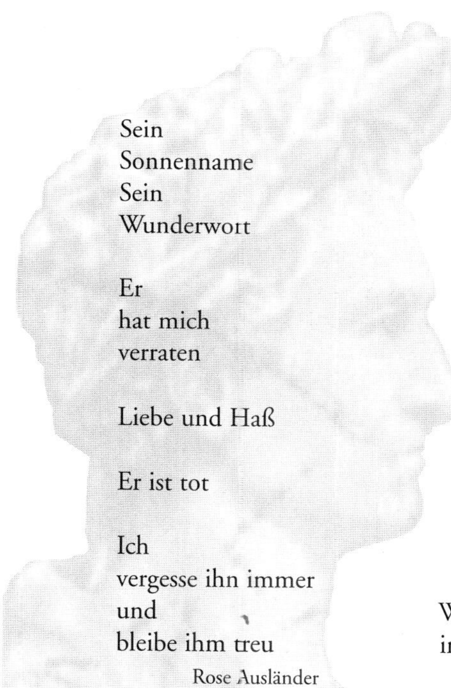

Das Gedicht funkelt wie ein geschliffener Kristall; die Einheit von Form und Inhalt tritt an ihm in einer unübertrefflichen Weise zu Tage. Jedes Wort hat seinen Sitz im Gefüge des Metrums und des Satzes, kein Wörtchen ist zu viel, nichts bloßes metrisches Füllsel. Gerade deshalb ist es unendlich schwer, das Epigramm in eine andere Sprache angemessen zu übersetzen, im Grund ist dies unmöglich. Hans-Joachim Glücklich nennt es „ein Paradebeispiel für Unübersetzbarkeit“.[129] Und doch stellt seine Wiedergabe in der eigenen Sprache für jeden Übersetzer, wie es scheint, eine Art von Musterprüfung in seinem Metier dar. Die Vielzahl der Versuche, die vorliegen, lassen sich anders wohl nicht erklären. Sie

---

126) So Heine, a. O., 92.

127) So v. Albrecht, in: Römische Poesie. Texte und Interpretationen. Heidelberg 1977, 93.

128) c.85 ist für Weinreich (Die Distichen des Catull, Darmstadt 1975, 33) „eines der kostbarsten Kleinodien der gesamten römischen Dichtung, ja der Epigrammatik aller Zeiten“.

129) Catull-Gedichte im Unterricht, 77.

reichen von der philologisch sauberen, wortgetreuen Übersetzung bis zur freieren, künstlerisch eleganten Nachdichtung.[130]
Im Zusammenhang der hier gebotenen Gedichtauswahl, die die Entwicklung des Liebesverhältnisses zwischen Catull und Lesbia von seinem Anfang bis zu seinem Ende in einer vertretbaren Kürze vermitteln will, scheint es geboten, das Gedicht vor dem Hintergrund der bisher gewonnenen Erkenntnisse zu verstehen und verständlich zu machen, soweit möglich. Dabei sei von der metrischen und stilistischen Analyse ausgegangen.

1. Metrische Analyse:

Odi et amo. Quare id faciam, fortasse requiris.
– ∪ ∪ – ‖ – – ∪∪ – ‖ – – ∪∪ – ∪

Nescio, sed fieri sentio et excrucior.
– ∪∪ – ∪∪ – ‖ – ∪ ∪ – ∪∪ –

2. Stilistische Analyse:
a) Grafik: Friedrich Maier

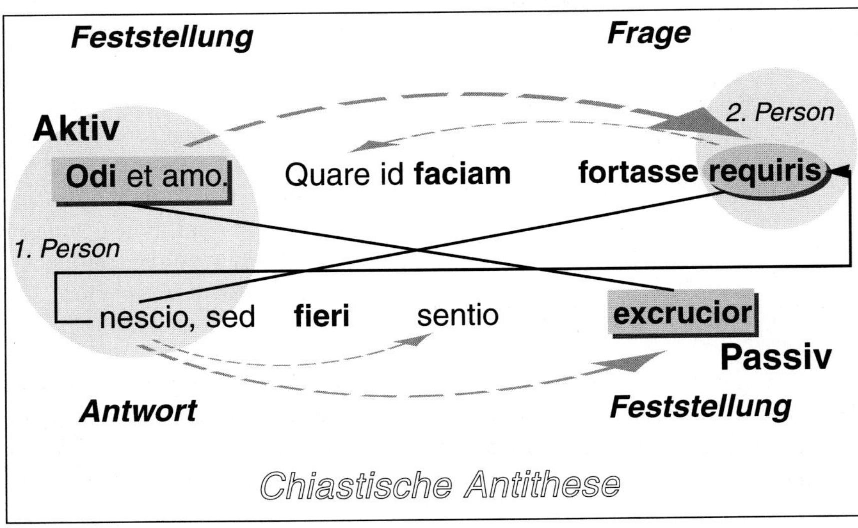

---

130) „Wenn die Zahl der Übersetzungen allein im Deutschen, die ein Gedicht erreicht, ein sicheres Merkmal für seine hohe Qualität ist, dann wird man sagen müssen, dass dieses 85. Gedicht außerordentlich gut sein muss. Denn wohl kein Catull-Gedicht (wenn überhaupt irgendeins) hat so viele Übersetzer gefunden, Dichter und Philologen, von Eduard Mörike bis Eduard Norden, wie dieses Gedicht." So ERNST SIEGMANN: Interpretationsversuch dreier Catull-Gedicht. In: Dialog Schule und Wissenschaft. Klassische Sprachen und Literaturen. Bd. XIII (hrsg. von NEUKAM, P.). - München 1980, 93 - 109, h. 105f. Nach SIEGMANN kann „die Form des Gedichtes bei der Übertragung unmöglich erhalten bleiben".

b) Grafik: Helmut Offermann[131]

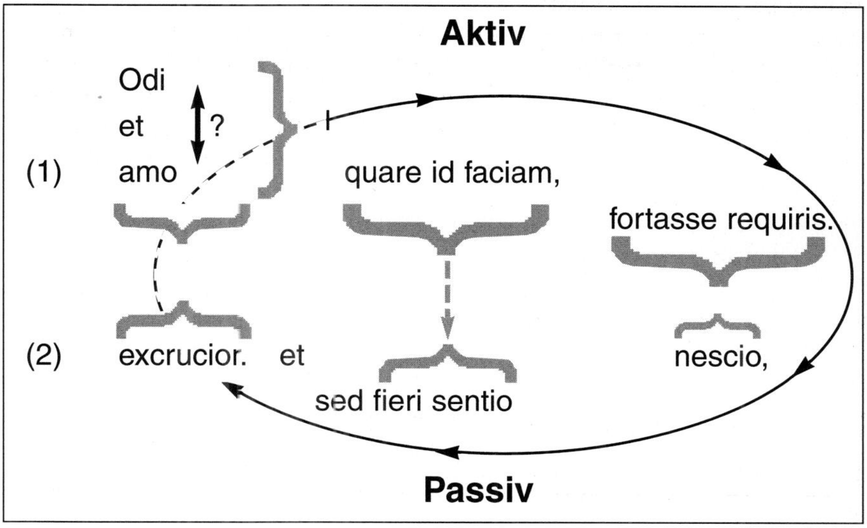

c) Grafik: Ernst Siegmann[132]

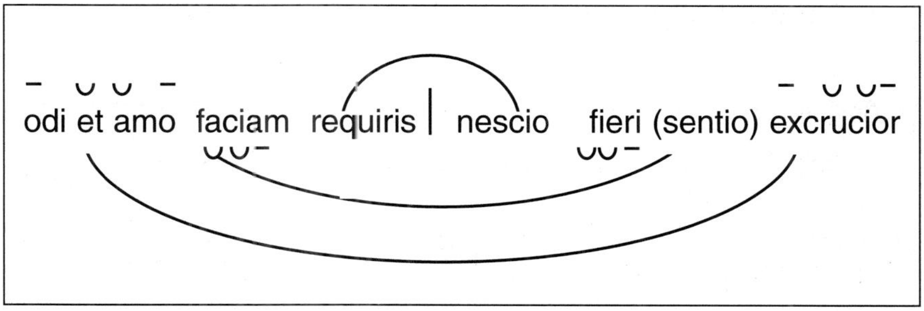

Catull beginnt als sprechende Person mit der Feststellung einer inneren Widersprüchlichkeit in sich; er führt dann, wie oft auch in anderen Gedichten, um das Nachdenken darüber konsequent fortsetzen zu können, einen fiktiven Gesprächspartner als zweite Person ein; diesen lässt er nach dem Grund seines

131) Entnommen aus: Zur Catull-Lektüre, a. O., 73. Dazu bemerkt der Autor u. a.: „Die ... Graphik versucht ... deutlich zu machen, wie viel an dichterischem Planen, an bewusster Kunst bei Catull ablesbar ist (dies ist längst erkannt und oft beschrieben). Form und Inhalt sind für den antiken Dichter untrennbar miteinander verknüpft.“

132) Interpretationsversuch dreier Catull-Gedichte, a. O., 108: In der textlich verkürzten Wiedergabe (es sind nur die Verben wiedergegeben) ist die spiegelbildliche Antithetik, „die architektonische Symmetrie“ des Gedichtes gut zur Anschauung gebracht.

Verhaltens oder Tuns fragen, worauf er wieder in der 1. Person antwortet, dass er das nicht wisse. Er kann nur sagen, er spüre es, dass in ihm und mit ihm solches geschieht, und am Ende feststellen, dass er darunter schwer leidet. Die Tonstellen des Gedichts, Anfang und Ende, sind von den starken Wörtern besetzt. Am Anfang ein Prädikat im Aktiv, am Ende ein Prädikat im Passiv. ***odi* ↔ *excrucior:*** Hass und Leid sind zueinander in Korrespondenz gebracht.[133] Dass Hass solche Folgen haben kann, liegt daran, dass in gleicher Stärke in ihm Liebe als Gegenkraft wirksam ist. Hassen und Lieben (***odi et amo***: metrisch durch die 1. Zäsur als Einheit gefasst) - wie passt das zusammen?[134] Deshalb als Kunstgriff in der Selbstreflexion die fragende zweite Person. Die Frage nach dem Grund der Widersprüchlichkeit und die Antwort des Nichtwissens kommen aus dem Kopf, sind rational;[135] deshalb in v.1 das aktive ***faciam*** als Bezeichnung eines Tuns, das man selbst noch steuern kann. Die schlichte Angabe, er fühle, dass solches mit ihm gemacht wird, in ihm also abläuft, ohne dass er darauf steuernd Einfluss nehmen kann, verweist auf den inneren Raum des Emotionalen, Irrationalen, dem man ausgeliefert ist; deshalb in v.2 auch das Passiv ***fieri.*** Dass ***faciam – fieri*** in einen bewussten Gegensatz gestellt sind, zeigt auch ihre metrische Position jeweils vor einer Zäsur.[136] ***Odi et amo*** korrespondiert mit ***excrucior*** (metrisch unterstützt dadurch, dass jeweils ein Chorjambus – ∪ ∪ – vorliegt), ***faciam*** mit ***fieri*** (metrisch jeweils ein Anapäst ∪ ∪ –).[137] Diese Korrespondenz unterstreicht mit Nachdruck: Das Ausgeliefertsein an die in der Tiefe seiner Seele gegeneinander wirkenden Kräfte bedingt seine leidvolle Qual.[138]

Prägnant und in der denkbar kürzesten Form kommt in c.85 zum Ausdruck, was sich im Verhalten von Catull zu Lesbia in immer stärkerem Maße entwickelt hat: ein Widerstreit der Gefühle, seine innere Zerrissenheit, seine Gespaltenheit in zwei Seelen,[139] wofür es keine rationale, allenfalls eine tiefenpsychologische Erklärung

---

133) Diesen bewussten Bezug von ***odi - excrucior*** hat HEINE, a. O., 93f., zu wenig berücksichtigt, wenn er sagt: „Gerade der Hass ist das Auffallende und wird daher von Catull betont an den Anfang gestellt."

134) SYNDIKUS, Bd. 3, 57: „***Odi et amo.*** Zwei Verben sind hier verbunden, von denen man meinen könnte, dass sie nie und nimmer einen Menschen gleichzeitig bestimmen können."

135) Dabei zeigt sich, „dass man mit logischen oder auch nur vernünftigen Kategorien an Catulls seelische Wirklichkeit nicht hinreichen kann." SYNDIKUS, Bd. 3, 58.

136) Zur Übersetzungsproblematik dieses absichtlich als Gegensatz angelegten Paares ***faciam - fieri*** vgl. HEINE, a. O., 97.

137) „Dieses zwiespältige Tun ***odi et amo*** ist in Wahrheit ein Erleiden, dem der Mensch ohnmächtig ausgeliefert ist (***fieri sentio***) und dieses Erleiden ist durch das ***excrucior*** zum Ausdruck gebracht." So SIEGMANN, a. O., 107.

138) Ähnlich SYNDIKUS, Bd. 3, 57: „Die seelische Qual, mit deren Ausdruck das Gedicht schließen wird, ist in dieser Verquickung von eigentlich Unvereinbarem schon vorbereitet."

139) Dazu BRUNO SNELL (Neun Tage Latein. Plaudereien. Göttingen 4/1959, 20): „Was ihm selbst bis dahin ein einheitliches Gefühl war, zerbrach in Stücke. Er erfuhr, als seine Geliebte ihm verächtlich wurde, dass seine Liebe doch weiterging, dass er zugleich hasste und liebte." Allerdings entwickelt sich diese Befindlichkeit allmählich, beginnend lange vor c.85.

gibt; seine „erschütternde fassungslose Hilflosigkeit“[140] trifft ihn in seiner Existenz, sie droht ihn zu zerstören. Im Passiv ***excrucior*** drückt sich diese Erfahrung der Existenzbedrohung aus, im lateinischen Begriff muss das zerstörerische Moment vorherrschen; ***excruciare***: „martern, foltern, kreuzigen“; es erfasst ein Leiden bis hin zur Gefahr des Todes. ‚*Excruciare* ist ein typisch unpoetisches Wort – es riecht nach Folter und Hinrichtungskommando (Kreuzigung). Hier ist ein Begriff der Strafjustiz wirkungsvoll in den psychischen Bereich eines Individuums übertragen zur Disposition eines gefühlten seelischen Vorgangs – vielleicht zum ersten Mal.“ So der überzeugende Deutungshinweis von GERHARD PETERSMANN.[141]
Für dieses einmalig gesetzte Wort passt kaum eine deutsche Übersetzung. Wiedergaben wie „ich werde gequält“, „ich quäle mich ab“, „ich martere mich ab“, „ich leide daran“, „ich leide Qualen“ scheinen allesamt zu schwach und zu wenig präzis. Wer es versucht mit „trag es gekreuzigt zu sein“ (C. FISCHER), „und hänge am Kreuz“ (HERLITSCHKA), „es kreuzigt mich“ (R. SCHROTT), trifft die existenzbedrohende Nuance, die hier vorherrscht, bringt aber eine unpassende christliche Konnotation an das Wort. Auch Übersetzungen wie: „und gehe zugrund/kaputt“ oder „und werde zerstört“ erweisen sich, da im Ton zu scharf, als nicht ganz passend.[142] Eine die Aussageabsicht treffende Wiedergabe liegt vor in: „Und werde zerquält“ (E. SIEGMANN),[143] da die Vorsilbe 'zer-' (wie in „zerreißen, zerstören“) die Tendenz zum tödlichen Ende anzeigt; allerdings wirkt das Wort gekünstelt und nimmt dem Gedicht vom Ende her die Natürlichkeit. Am ehesten noch inhaltlich und formal zutreffend scheint: „unendlich gequält“ (O. WEINREICH). Stellen wir zwei philologische Übersetzungen und zwei Nachdichtungen gegenüber (jeweils eine weniger treffende und eine besser treffende). Dazu fügen wir eine Mundart-Wiedergabe.

(1) Philologische Übersetzungen

„Ich hasse und liebe, wieso ich das tue, fragst du vielleicht.
Ich weiß nicht, aber dass es geschieht, fühl' ich und werde zerquält.“ (E. SIEGMANN)

„O, ich hasse und liebe! Weshalb ich es tue, das fragst du wohl.
Weiß nicht! Doch dass es geschieht, fühl ich – unendlich gequält.“ (O. WEINREICH)

140) So SYNDIKUS, Bd. 3, 85.

141) a. O., 46. Für SYNDIKUS (Bd. 3, 59) drückt sich in dem Wort „mit dem schweren Klang“ eine „unaussprechliche Qual“ aus, wobei auch die „wörtliche Bedeutung eines buchstäblichen Marterns“ immer lebendig blieb. Nicht zu Unrecht spricht GLÜCKLICH (Catulls Gedichte im Unterricht, 77) von einer „langsamen Hinrichtung wie beim Kreuzestod.“ Siehe auch NICKEL, a. O., 18, und 29f. BRUNO SNELL, a. O., 18: Catull „stellt hart nur die Tatsache fest, dass er zu Tode gequält wird ...“

142) S. dazu HEINE, a. O., 95.

143) So SIEGMANN, a. O , 105.

(2) Nachdichtungen

„Liebe trag ich mit Hass. Warum? So fragst du.
Ich weiß nicht. Aber ich fühle: so ist's; und ich verblute in Qual." (E. SAENGER)

„Hassen und Lieben zugleich muss ich. – Wie das?
Wenn ich's wüsste! Aber ich fühl's, und
das Herz möchte zerreißen in mir." (E. MÖRIKE)

(3) Mundart-Wiedergabe

„Hassn tua i und gleichzeiti liabn. Warum i des mach, fragst mi vielleicht.
I woaß ja a net, aber i merk's, dass's passiert und es zreißt ma mei Herz."
(E. GRUBER)

Die Erkenntnis, die sich beim Vergleich solcher Übersetzungen (hier nur exemplarisch am Schlüsselwort ***excrucior*** vollzogen) einstellt, nämlich, dass man allenfalls „der Einzigartigkeit des catullischen Originals" näher kommen kann,[144] ohne es je zu erreichen, macht jedem die Unübersetzbarkeit eben dieses Originals bewusst; sie gibt aber jedem, auch dem Schüler den Anreiz, selbst einen eigenen Versuch der passenden Wiedergabe zu wagen.

Catull hat im c.85 Lesbia nicht mehr persönlich angesprochen, wiewohl sie ihm ständig als Objekt seiner Gefühle präsent ist, als der Grund seiner Existenznot immer im Kopf steckt.[145] Ihr Verschweigen ist ein Signal; es zeigt an, dass Catull aufgehört hat, sich ihrer durch Namensnennung zu versichern. In seiner Selbstanalyse zeigt er sich ganz auf sich selbst zurückgeworfen. Er spricht nun, ganz im Jetzt fixiert, nur noch von sich.

„Alle Antithesen zwischen Liebe und Hass, zwischen eigenem Tun und gezwungenem Erleiden, zwischen klarem Erleben und Nichtwissen um die Gründe liegen nur noch in ihm selbst."[146] Den Bruch mit Lesbia empfindet er jetzt als endgültig. Vorbei ist die Gemeinsamkeit von damals. Nichts ist geblieben vom einstigen Glücksappell: ***Vivamus, mea Lesbia, atque amemus!***

Lesbia hat ihm die Liebe entzogen; wenn Catull sie auch weiter liebt, so ist die Liebe – da ohne Resonanz – doch am Ende. Da Lieben und Leben für Catull zusammenfallen, scheint ihm auch letztendlich für das Leben Sinn und Grund genommen. Das Catull Eigene an diesem Gedicht ist, wie HANS-PETER SYNDIKUS richtig bemerkt, „der verzweifelte Ernst, der die eigene Situation als ausweglose

---

144) So HEINE, a. O., 93. Vgl. auch BRUNO SNELL, a. O., 16 - 18.

145) „In c. 85 ... ist von Lesbia nichts zu spüren, kein glückliches Einst bildet den Kontrapunkt zur Gegenwart." So HEINE, a. O., 96.

146) HEINE, a. O., 85.

Verstrickung erscheinen lässt."[147] Schon die Antike hat Catulls frühen Tod mit dem unglücklichen Ende seiner Liebe zu Lesbia in eine enge Verbindung gebracht. c.85 ist ein Zeugnis für die sich am Dichter vollziehende Selbstzerstörung.
Dieses Gedicht ist sicherlich nicht das letzte der Lesbia-Gedichte, doch im Grunde ist hier schon alles gesagt; nicht mit Gewalt ist es deshalb ans Ende des kleinen Liederzyklus gestellt. Zudem lesen die Schüler das schönste und berühmteste Gedicht Catulls mit der nachhaltigsten Wirkung als Abschluss. Jeder wird es von sich aus gerne auswendig lernen, um es als 'Besitz für immer' im Kopf zu haben.

3. Der Lesbia-Zyklus in Zusammenfassung

1. Ich bin wie von Sinnen (c.51)

Dieses Gedicht zeigt Catull im Rausch der ersten Begeisterung für die Frau, in die er sich verliebt hat. Er sucht ihre Nähe, muss aber gewärtigen, dass ihr ein anderer wiederholt gegenüber sitzen darf. Durch ihre Ausstrahlung wird dieser Nebenbuhler, so stellt es sich der Dichter vor, göttergleich, ja sogar über diese erhoben. In seiner Vorstellung erhält Lesbia, die solches bewirkt, selbst die Aura einer Göttin.
Die Liebe zu dieser Diva trifft Catull in seiner ganzen Existenz; ihre Wirkung auf ihn ist – durch die Annahme des mit ihm konkurrierenden Mannes – ins Extrem gesteigert. Zur Sehnsucht kommt Eifersucht. „Das Liebesgedicht wird zu einem Eifersuchtsgedicht" (LEFÈVRE). Die seelischen Erregungszustände zeigen körperliche Symptome. Catull ist in seinen Sinnesempfindungen gestört bis hin zur todesähnlichen Lähmung.
Diese seelisch-körperliche Verfasstheit des Nichtstuns, des Nicht-Handeln-Könnens bezeichnet der Dichter als ***otium***. Es ist eine Art von Gelähmtsein, die ihn bedrückt, an der er leidet, aber der er zugleich nicht entgehen will; er empfindet daran Lust, giert nach ihr. Er muss sich aber – zu sich selbst sprechend sagen –, dass solches ***otium*** schon früher Könige und glückliche Städte vernichtet hat (z. B. bei Paris und Troja). Das Bedrohliche am Zustand, in den er durch sein Streben nach der Nähe dieser Frau gekommen ist, scheint ihm bewusst zu sein.
Eine innere Zerrissenheit, die sich in seinem Verhältnis zu Lesbia als beherrschender Seelenzustand einstellen wird, deutet sich schon mit klaren Konturen an, ebenso das Risiko, das die Liebe zu dieser arrivierten Dame der Gesellschaft für sein Leben in sich birgt; der harte Ausdruck ***perdere*** („vernichten") zeigt dies.

---

147) SYNDIKUS, Bd. 3, 60.

2. Wär' ich doch dein Spatz! (c.2)

Wie im Selbstgespräch des c.51 sich der Dichter noch nicht unmittelbar an Lesbia selbst wendet, so ist auch im ersten ***passer***-Gedicht nicht die Frau, sondern ein „Vöglein" der Ansprechpartner. Dieses stellt die Beziehung zwischen dem Dichter und der Geliebten her. Catull will gern so mit dem ***passer*** spielen, wie diese es tut; dann wäre ihm Lesbias Nähe garantiert und er könnte wie diese ihren Liebesschmerz und ihre Liebesglut so seinen Liebeskummer (***curae***) beruhigen. Das Tier ist „Sinnbild erträumter Gemeinsamkeit in seiner und Lesbias Liebe." (HEINE). Es ist eine Art von Brücke zur Geliebten. Der ***passer*** wird für Catull nur insofern interessant, als er die Wonne seines Mädchens ist, er nimmt also erkennbar eine Stellvertreterfunktion ein. In der Doppelbeziehung des Tieres einmal zu Lesbia, dann zu Catull will die Phantasie des Dichters eine Parallelität der Gefühlsäußerung erkennen: Lesbia liebt den, den sie als Anregung an diesem Spiel teilhaben lässt, ebenso wie Catull diejenige liebt, deren Spiel er mit eigenen Augen verfolgen darf. Dieses Liebesgedicht zeigt noch keine schrankenlose Äußerung des Gefühls, nur die Sehnsucht nach Annäherung, aber durchaus schon eine starke und tiefe Betroffenheit Catulls, der Lesbia anscheinend nichts Gleichwertiges entgegensetzt.

3. Trauert! Tot ist der Spatz (c.3)

Im zweiten ***passer***-Gedicht ist Lesbia wieder nicht direkt angesprochen. Apostrophiert sind hier alle Götter der Liebe und Leidenschaft und wer sonst liebeskundig ist. Sie werden zur Trauer um den toten Spatz aufgerufen. Der Tod des Tieres bedeutet für sein Mädchen einen Verlust gleich dem ihres Augenlichts; ihr ist der Spielgefährte verloren gegangen.

Catull ist dadurch genauso tief getroffen; er hat sein Liebesband, das Tier, das ihm die Nähe zu Lesbia garantieren sollte, verloren. Der Verlust geht ihm so nahe, dass er ihn unmittelbar auf sich selbst bezieht (***mihi passerem abstulistis***). Das Schattenreich des Orkus hat ihm den Spatz geraubt. In zartem Mitgefühl mit Lesbia fungiert er an deren Stelle im Trauerfall; die Trauernde lässt er im Hintergrund.

Quasi in Lesbias Rolle zeigt sich Catull empört, er verflucht die Unterwelt, die diesen Raub getan, sich in einer weiteren Apostrophe an eine Gottheit wendend, eben an Orkus. Das Reich des Todes setzt er entrüstet in Kontrast zur Welt der Liebe.

Catull ist Lesbia – in der hier evozierten Vorstellung – schon sehr viel näher gekommen. Er setzt sich sozusagen mit ihr gleich. Catull trauert, weil Lesbia trauert. Daran ist der Grad seiner Liebe indirekt ablesbar. „Die Mittrauer anlässlich des Todes des ***passer*** legt Zeugnis ab von der Liebe des Dichters in all ihrer Bedingungslosigkeit." (KISSEL)

4. Gib mir tausend Küsse (c.5)

Das erste der ***basia***-Gedichte ist nun unmittelbar – mit pointierter Stellung des Namens – an Lesbia selbst gerichtet; es ist verfasst im Jubel und in der Seligkeit der erfüllten Liebe. Liebe ist gleichgesetzt mit Leben. Das totale Aufgehen in der Hingabe an die Geliebte ist vorbehaltslos und ohne Bedenken.

Was in c.51 als bedrohliches und zugleich beglückendes Gelähmt-Sein empfunden wurde, als in Widerspruch zu Konvention und öffentlichem Moralanspruch stehend, wird hier als die einzig mögliche und sinnvolle Existenzform verkündet, ja in appellativem Ton gefordert. Das Gerede der sittenstrengen Alten möge für sie ohne Belang sein; gesellschaftliche Rücksicht darf nicht gelten. Denn nur die Intensität des Lebens, das sich als Lieben verwirklicht, vermag ein Gegengewicht zur Ewigkeit des Todes zu setzen. Die allgemeine Existenzerfahrung der Vergänglichkeit bildet den Hintergrund zum Erleben des glücklichen Augenblicks.
Die spontanste und impulsivste Ausdrucksform des Lebens in Liebe aber ist das Küssen. Die Totalität der Liebe spiegelt sich in der unendlichen Zahl der Küsse, deren Unzählbarkeit jeglichen Neid unmöglich machen soll. Die Aufforderung zu einer „wahren Kussorgie" (BECK) zeugt von der Erfüllung der Liebessehnsucht; sie signalisiert, dass Catull im Verhältnis zu Lesbia den Höhepunkt erreicht hat. Er hat sein Liebesglück gefunden.

5. Wie viele Küsse wären genug? (c.7)

Das zweite der ***basia***-Gedichte ist nur bei oberflächlicher Betrachtung dem ersten gleich. Auch das „Zwillingsgedicht" ist unmittelbar an Lesbia gerichtet und hat die Zahl der Küsse, die für ihre Liebe genug sein könnten, zum Thema. Doch fehlt dem Gedicht die mitreißende Vitalität des Augenblicks, die Spontaneität der unmittelbaren Aufforderung im Jetzt.
Die Aussage ist mehr in die Distanz gerückt, durch Frage und Vergleich. Der Dichter lässt sich von Lesbia befragen und gibt ihr Antwort; das Gedicht ist eher wieder ein Selbstgespräch, in dem Catull über sich und sein Verhältnis zu Lesbia reflektiert. Die Zahl der Küsse, die er für genug hält – nämlich so viele wie Sand am Meer oder Sterne am Himmel – sind ihm ein Zeichen seines Wahns, seiner Liebestollheit; er nennt sich ***vesanus Catullus***. Die Liebe zu Lesbia ist sicher ungebrochen, weiter am Höhepunkt; doch über seinem Bekenntnis der Liebe liegt, so scheint es, ein leichter Schleier der Selbstironie.
Spürt Catull wieder jenes Leiden, dem er sich durch seine totale Hingabe an die Frau ausgeliefert hat? Wenn er sich unendlich viele Küsse wünscht und sich deshalb zugleich gewissermaßen als Narr erklärt, dann tritt, so darf man folgern, die ihn von Anfang an quälende innere Zerrissenheit hier schon wieder – zumindest ansatzweise – zu Tage.

6. Ertrag es, Catull! (c.8)

Dieses Gedicht zeigt, dass der Zenit des Glückserlebnisses überschritten ist. Die Phase der Liebesenttäuschung beginnt. Die Anrede ***miser Catulle*** als Gedichtanfang signalisiert die Peripetie. c.8 ist ein Klagegedicht; die Kennzeichnung als ***miser*** greift auf den Schluss in c.51 zurück; dort ist es ein erstes Ahnen seiner inneren Not, hier Ausdruck einer vollzogenen Einsicht. Das Gedicht stellt sich als die Selbstanalyse des Dichters dar, der sich in seiner Vernarrtheit durchschaut und zur Vernunft ruft. Das ***ineptire*** („albern sein"), von dem er nach eigenem Wunsch ablassen soll, steht inhaltlich dem ***vesanus*** („wahnsinnig") von c.7 sehr nahe.

Ob dieser Selbstdiagnose bedauert er sich, zunächst in einem resignativen, wehmütigen Ton, in dem er die Vergangenheit beschwört, das Einst (***quondam***), als ihnen die Sonnen noch strahlend leuchteten. Der Erinnerung an die Zeit des erfüllten Liebesglücks folgt die betrübliche Sicht der Gegenwart, des ***nunc***, in dem sein Mädchen sich ihm verweigert (***non vult***).
In seiner ohnmächtigen Erstarrung richtet er an sich harte Befehle (Imperative), mit denen er sich zur Selbstdisziplin, Härte und Aufgabe seiner Leidenschaft auffordert. Enttäuschung soll sich in Beherrschung wandeln. Der Blick richtet sich dann auf die Zukunft; hat er sich bisher selbst mit „du“ (***tu***) angesprochen, so gilt das Du (***tu***) jetzt Lesbia, der er sich in Gedanken gegenübergestellt sieht; ihr verkündet er eine unglückliche Zeit ohne ihn. Catull projiziert auf Lesbia – als Warnung oder Wunsch – sein eigenes ***miser***-Sein. Aber gerade hinter dieser trotzigen Prophezeiung spürt man seine seelische Verfasstheit, die ihn nicht von Lesbia loskommen lässt. Das Gedicht offenbart das Dilemma, in dem der Dichter steckt. Hinter den Appellen an sich selbst mag bei Catull die Einsicht in die Unmöglichkeit ihrer Erfüllung stehen. Insofern könnte man eine gewisse Tendenz zum Spott über sich annehmen (wofür das Versmaß des Hinkjambus spräche). Aber die tiefere Wahrheit, die uns in c.8 entgegentritt, ist die innere Zerrissenheit des Dichters, die immer stärker zum vorherrschenden Merkmal seiner Existenz wird. Catull findet kaum mehr zu sich selbst. Aufgrund dieses Befundes erweist sich das Gedicht als ernsthaft und als „tief ergreifend“ (KROLL).

7. Verflucht! Wir lieben uns noch (c.92) – Wie tief ist sie gesunken! (c.58)

Die innere Zerrissenheit des Dichters tritt in c.92 offen zu Tage; es ist das zentrale Motiv. Catull verflucht Lesbia ständig und will zugleich des Teufels sein, wenn er sie nicht liebt. Diese paradoxe Gefühlshaltung überträgt er auf die Geliebte; aus ihren permanenten Schmähungen gegen ihn schließt er auf ihre Liebe. Das zeugt von dem ihn beherrschenden Zwang, das Liebesverhältnis aufrechtzuerhalten trotz der ihm bewussten Ablehnung durch Lesbia – eine irrationale Befindlichkeit. In den sprachlich pointiert gesetzten Widersprüchen bringt Catull sein „Kopfschütteln über die Absurdität der Leidenschaft“ (SYNDIKUS) zum Ausdruck, mit der er an Lesbia hängt. Der Widerstreit der Gefühle ist auch das hervorstechende Merkmal von c.58: Catulls grenzenlose Liebe zu „jener“, „unserer“ Lesbia und seine grenzenlose Enttäuschung über ihre verkommene Lebensführung: Die Geliebte und die Großstadthure stehen in seinem Herzen schroff gegeneinander.
In dieser Gegensätzlichkeit ist zugleich die Polarität von einst und jetzt aufgenommen (Catulls ***plus amavit quam*** – Lesbias ***nunc glubit***), allerdings ohne die rational einzig sinnvolle Konsequenz der Trennung. Catull stellt seine Geliebte auf übelste Weise bloß, bekennt aber zugleich seine über alles gehende Liebe zu ihr, von der er selbst jetzt – am tiefsten Punkt der Enttäuschung – nicht loskommt. Er kann sich und seine Gefühle nicht mehr steuern.

8. Einst und jetzt (c.72) – Deine Schuld! (c.75)

Die Spannung zwischen einst und jetzt ist in c.72 scharf ausgeprägt, da hierfür auch die sprachliche Kennzeichnung verwendet ist: ***quondam*** – ***nunc***. Catull erinnert Lesbia an das einst gegebene Versprechen, nur ihn zu kennen (und keinen anderen) und in ihrer Zuneigung ihn sogar über Jupiter zu stellen.

Damals hat auch er sie, so bekennt er, geliebt und verehrt wie ein Vater seine Söhne und Schwiegersöhne, also eine tiefe, ethisch fundierte Liebe zu ihr empfunden (wofür er bewusst den Begriff ***diligere*** wählt). Jetzt ist er aufgrund ihres Lebenswandels (im doppelten Sinn des Wortes) zwar immer noch, ja intensiver in Leidenschaft zu ihr entbrannt (***uror***), aber sie hat für ihn nicht mehr den Wert und den Rang wie früher. Der Grund dafür ist, so die Antwort auf eine fiktive Frage Lesbias, dass ihm von ihr ein Unrecht (***iniuria***) angetan worden ist: der Bruch des Treueversprechens.

Liebe und Verachtung: Wie passt beides zusammen? Eigentlich in keiner Weise. Aber in ihrem Nebeneinander manifestiert sich eben die Paradoxie einer Liebesleidenschaft; die irrationale Macht, die sich in ihr äußert, lässt Catull nicht frei werden vom erotischen Verlangen nach der Frau, sie hat aber zwanghaft zur Folge, dass er der geliebten Person, die die Liebe nicht mehr erwidert, ja sie pervertiert, nicht mehr Gutes wollen kann. Die Liebe ist dann mehr ein ***amare*** (sinnliche Leidenschaft), weniger ein ***bene velle*** (herzliches Wohlwollen). Der Schritt zum Übelwollen, dem das Gefühl des Hasses zugrunde liegt, ist nicht mehr groß. Zwiespalt und innere Zerrissenheit des Dichters deuten sich hier nicht mehr verdeckt an; sie treten – expressis verbis – offen zutage.

Für diese mentale Verfassung (***huc est mens deducta***) gibt Catull in c.75 seiner Lesbia ausdrücklich die Schuld (***tua, mea Lesbia, culpa***).

Durch seine von ihm als Dienstleistung (***officium***) empfundene Hingabe hat sich sein „Geist" so kaputtgemacht, dass er nun das seit langem ihm zusetzende Dilemma offen anspricht: er kann sie nicht mehr mit dem Gefühl des Wohlwollens lieben und verehren, selbst wenn sie sich als anständigste Frau erwiese, er kann aber auch nicht von ihr als erotisch anziehender Frau loskommen, selbst wenn sie alles Mögliche triebe. In Catull ist etwas zerbrochen; doch kann er sich rational nicht so in die Gewalt bekommen, dass er mit Lesbia Schluss macht. Wir spüren die Gespaltenheit seiner Person.

Der geheime Zwang, dem er unterliegt, ist für ihn bedrohlich. Das Verbum ***perdere***, das in c.51 die vernichtende Wirkung des ***otium*** bezeichnet, steht hier an herausgehobener Stelle. Der ganze ***ut***-Satz, der den unauflösbaren Widerspruch in Catull enthält, ist eine Folge dieses Sich-Kaputt-Machens, wofür er letztlich eben die Frau verantwortlich macht. „Die Zerstörung seiner Persönlichkeit" (GLÜCKLICH), die sich in c.72 und früher anbahnt, setzt sich irreversibel fort.

9. Geliebt wie keine! (c.87) – Ich hasse und liebe (c.85)

Die dialektische Gegenstellung von Vergangenheit und Gegenwart, die sich im Denken und Sagen Catulls eingespielt hat, ist in c.87 indirekt fassbar; und zwar insofern, als hier nur der erste Pol ausgestaltet ist, der zweite aber vom Leser mitgedacht werden muss. Der Dichter hat diese Dialektik also als poetologisches Mittel

eingesetzt. Er zwingt alle, die sein Gedicht hören oder lesen, in die Rolle des Mitreflektierens und des Mitfühlens.
Das „Einst" wird extrem positiv gezeichnet: kein Weib kann wahrhaft sagen, es sei so geliebt worden wie Lesbia von ihm, keine Treue in einem Liebesbund ist so groß gewesen wie die im Liebesverhältnis zwischen Catull und Lesbia – und zwar von seiner Seite aus. Catull sieht in der Retrospektive nun das Verhältnis als einseitig an; nur von ihm sei die ***fides***, die sich in dem zwischen ihnen bestehenden quasi-vertragsrechtlichen Bund (***foedus***) als nötige Bedingung erweist, richtig eingehalten worden. Das ***ex parte ... mea*** zerstört jede Illusion der Gegenseitigkeit zwischen Catull und Lesbia.
So war es einst. Und wie ist es nun? Der Leser stellt sich diese Frage und fühlt das „Jetzt" unausgesprochen mit. Nach dem Bruch der Treue durch Lesbia, nach dem Ende der Liebe ist der Dichter unglücklich wie keiner. Jeder nimmt Anteil an Catulls Leid, der – trotz aller Enttäuschung und Verbitterung, trotz aller Abscheu Lesbia gegenüber – diese Frau so wie sie ist weiterhin liebt, sie leidenschaftlich begehrt.
Die gegenstrebenden Gefühle von Hass und Liebe, die in einem Menschen, zumal im emotional anfälligen jungen Menschen, wirksam sein können, und die Unerklärbarkeit dieser Paradoxie mit den bitteren Folgen für den davon Betroffenen sind in keinem Stück Literatur in solcher Kürze, so prägnant und mit so einfachen Worten zum Ausdruck gebracht worden wie in c.85. Es ist wohl das Meisterstück römischer Dichtkunst.
Das zweizeilige Gedicht, ein Epigramm, ist trotz der eingeführten zweiten Person, die eine Frage stellt, ein Selbstgespräch, in dem der Dichter über seinen inneren Zustand, in den ihn seine Liaison mit Lesbia gebracht hat, reflektiert. Dahinter steht seine Erfahrung: „Die Göttin ist zur Dreigroschenhure geworden" (V. ALBRECHT). Er hasst und liebt (***amare*** im erotischen Sinne), er weiß nicht, warum er das tut. Es geschieht mit ihm so; er spürt, dass er in der Tiefe seiner Seele diesen sich eigentlich gegenseitig neutralisierenden Kräften ausgeliefert ist.
Das Gelähmt-Sein, das schon in c.51 als gefährliche Folge des ***otium***, als Leiden empfunden wird, ist hier offensichtlich in voller Stärke über den Dichter gekommen und hat sich zur extremen Existenznot gesteigert: Er fühlt sich gemartert, gefoltert, wie ans Kreuz geschlagen; das Herz möchte zerreißen in ihm. Sein Leiden geht bis zur Todesnähe.
Die Liebe zu Lesbia war der Höhepunkt seines Lebens; ihr Ende, der Bruch des Liebesverhältnisses durch die Geliebte, den er als endgültig empfindet, lässt seine Situation „als auswegslose Verstrickung" (SYNDIKUS) erscheinen. Die ihm nicht mehr mögliche Erfüllung in der Liebe lässt Catull verzweifeln, entzieht seiner Existenz den Sinn, wie man schließen darf. Sein Leben dauerte danach nicht mehr lange.

Im Ganzen begreifen sich die Texte – in dem hier vorgestellten Arrangement – als das Psychogramm eines jungen Dichters, der einer zehn Jahre älteren Frau der römischen Gesellschaft leidenschaftlich und irreversibel verfallen ist – bis an die Grenze der Selbstzerstörung. „Catull zeichnet sich ... als einen, der bis zur Vernichtung der Liebe verfallen ist." (MAURACH)

Der Lesbia-Zyklus

4. Literaturhinweise

v. ALBRECHT, M.: Römische Poesie, Texte und Interpretationen. - Heidelberg 1977.

Ders.: Geschichte der römischen Literatur, Bd. 1. München/London/Paris 1994, 271 - 289.

Ders.: Catull - Dichter der Liebe und Gestalt seiner Epoche. In: AU 35, 2 (1992), 4 - 24.

Ders.: Catull - Ein Liebesdichter mit europäischer Ausstrahlung. 1999 (demnächst). In: Gymn.

APEL, I.: Catull aus der Sicht eines Deutsch unterrichtenden Lateinlehrers. In: Die Alten Sprachen im Unterricht XLIV 2/97, 11 - 14.

ATTERER, M.: Der Dichter und seine Geliebte in der Dichtung Catulls und in Thornton Wilders Roms „Die Iden des März". In: Anregung 41 (1995), 302 - 313.

BECK, J.-W.: „Lesbia" und „Iuventius". Zwei libelli im Corpus Catullianum. - Göttingen 1996.

BORN, U.: Catull in einer Unterprima eines altsprachlichen Gymnasiums. In: AU 12, 3 (1969), 5 - 14.

COPLEY, F. O.: Gefühlskonflikte und ihre Bedeutung in den Lesbia-Gedichten Catulls. In: Wege der Forschung, Bd. CCCVIII (hrsg. von HEINE, R.). - Darmstadt 1975, 284 - 306.

ELLER, K. H.: Catull. In: Handbuch für den Lateinunterricht, Sekundarstufe I (hrsg. von HÖHN, W. / ZINK, N.). - Frankfurt a. M. 1987, 291 - 299.

ERB, J.: Catull-Lektüre in der Jahrgangsstufe 11. In: Handreichungen für den Lateinunterricht. Jgst. 8 - 11, Bd. 2. - München 1984, 243 - 258.

GAISSER, J. H.: Catullus and his Renaissance Readers. - Oxford 1993.

GELDNER, H.: Die Entwicklung der Liebe Catulls zu Lesbia. Eine Unterrichtsreihe. In: Anregung 25 (1979), 379 - 391.

GIEBEL, M.: Catull in Sirmione am Gardasee: Ich hasse und ich liebe. In: Treffpunkt Tusculum. - Stuttgart 1995, 12ff.

GLÜCKLICH, H.-J.: Catull und einige „produktive Rezeptionen". In: Die Antike und ihre Vermittlung. Festschrift für Friedrich Maier zum 60. Geburtstag. - München 1995, 103ff.

Ders.: Catulls Gedichte im Unterricht. Lehrerkommentar. - Göttingen 1980.

GRUBER, E.: Catull in bayrischer Tracht - Gaius Valerius Catullus - Carmina. - Pfaffenhofen 1988.

HEILMANN, W.: Catulls Gedichte in sapphischen Strophen und ihre unmittelbare Umgebung in der Gedichtsammlung. In: Dialogus. Festschrift für Patzer, H. (hrsg. von COBET, J. / LEIMBACH, R. / NESCHKE-HENTSCHKE, A. B.). - Wiesbaden 1975, 139 - 151.

HEINE, R. (Hrsg.): Catull, Wege der Forschung, Bd. CCCVIII. - Darmstadt 1975.

Ders.: C. Valerius Catullus: Auswahl aus den Carmina - Interpretationen. Frankfurt a. M. u. a. 1970.

HÖTZL, E.: Die musikalische Dimension des römischen Dichters Catull. In: IANUS 12 (1991), 24 - 27.

HÜRFELD, H.: Catull c.51 - Sappho fr. 2D. Studienbild einer vergleichenden Interpretation. In: Anregung 9 (1963), 385 - 388.

KARL, K.: Catullinterpretationen. Zu den Gedichten 1 und 45 und 51. In: Anregung (1990), 373 - 381.

KISSEL, W.: Der Spatz und das Mädchen. Catulls Passer-Gedichte. In: Umgang mit dem Erbe der Antike. Dialog Schule und Wissenschaft, Bd. 30 (hrsg. von NEUKAM, P.). - München 1996, 3/4 - 47.

KLANK, E.: Catulls „vivamus"; eine andere Seite des römischen Lebens. In: AU 10 (1967), 110ff.

KLINGNER, F.: Catull. In: Römische Geisteswelt. München 1965, 160ff. u. 218ff.

KLINZ, A.: Übersetzungsvergleich poetischer Gedichte im altsprachlichen Unterricht. In: Anregung 29 (1983), 171 - 185.

KLOWSKI, J.: Catull, Vaganten, Beatniks. In: AU 19, 4 (1976), 63 - 80.
KROLL, W. (Hrsg.): C. Valerius Catullus. - Stuttgart 1960.
KRÜGER, K. D.: Individuum - Liebe - Staat, Ein Spannungsfeld in der Reflexion römischer Lyrik am Beispiel Catull. Unveröffentlichte Examensarbeit. - Hildesheim 1996.
LEFÈVRE, E.: OTIUM UND TOLMAN. Catulls Sappho-Gedicht c.51. In: RhM 131 (1998), 325 - 337.
MAIER, B.: Catull in Sirmio. In: Anregung 34 (1988), 165 - 168.
MAIER, H.: Die Zukunft unserer Bildung. In: Eine Kultur oder viele. - Stuttgart 1995, 80 - 96.
MAIER, F.: Hommage an einen geliebten Ort. Gedichte im Vergleich - Ein Beitrag zur Antike-Rezeption (Italien. Inschrift, Catull, Ovid, Weinheber). In: Lebendige Vermittlung lateinischer Texte. AUXILIA 18. - Bamberg 1988, 86 - 104.
Ders.: Vorschlag einer Catull-Klassenarbeit. In: Leistungserhebung im lateinischen Lektüreunterricht. AUXILIA 10. - Bamberg 1984, 10 und in: FINK, G. / MAIER, F.: Konkrete Fachdidaktik. Latein L2. - München 1996, 186.
Ders.: Ziel-Profil des Faches. In: FINK, G. / MAIER, F.: Konkrete Fachdidaktik. Latein L2. - München 1996, 92 - 102.
Ders.: Kulturelle Bildung und Stärkung der schöpferischen Kräfte. In: Wissen und Werte für die Welt von morgen. Dokumentation des Bildungskongresses des Bayerischen Staatsministeriums für Unterricht und Kultus. - München 1998, 269ff.
MAURACH, G.: Zu Pindar fr. 75 und zu Catull 51. In: Gymn. 105 (1998), 409 - 418.
MEINHOLD, M. / NICKEL, R.: Ironie, Parodie und Satire. Von Lucilius bis Loriot. Reihe Fructus. - Freiburg/Würzburg 1977, 35ff.
MEUSEL, H.: Catull-Gedichte im Unterricht. In: KREFELD, H. (Hrsg.): Impulse für die lateinische Lektüre. Von Terenz bis Thomas Morus. - Frankfurt a. M. 1979, 44 - 68.
NAGEL, W.: Der Psychiater bei Catull. In: Anregung 38 (1992), 26 - 28.
NICKEL, R.: Leben, Lieben, Leiden. Catulls Lesbia-Gedichte. Lehrerheft. - Bamberg 1986.
NIEMANN, K.-H.: Funktion und Gestaltung von Klassen- und Klausurarbeiten heute. In: AU 1/1999, 2 - 11 (zu Catull 6 - 8).
OFFERMANN, H.: Zur Catull-Lektüre. Verstehen durch Vergleichen. In: Lateinische Dichterlektüre II. AUXILIA 5. - Bamberg 1982, 58 - 87.
Ders.: Dichtung im Vergleich. Gaius Valerius Catullus - Marcus Valerius Martialis. Reihe: Modelle für den altsprachlichen Unterricht. - Frankfurt/Berlin/München 1984.
Ders.: Catull in der 12. und 13. Klasse. In: Die Alten Sprachen im Unterricht 21, 1 - 2 (1974), 1ff.
Ders.: Einige Gedanken zum Aufbau des Catull-Corpus. Eranos 76 (1978), 35 - 64.
PAOLI, U. E.: Das Leben im alten Rom. - Bern 1948.
PETERSMANN, G.: Catull im neuen Lehrplan der AHS. In: IANUS 12 (1991), 40 - 48.
PECHA, R.: Visualisierung im Lateinunterricht. Realienkunde und Rezeptionsdokumente in Lehrbuch und Lektürephase. Europäische Hochschulschriften. Reihe XV: Klassische Sprachen und Literaturen, Bd. 65. - Frankfurt a. M. 1993.
PIETSCH, W.: Odi et amo; Vivamus, mea Lesbia (Catull 51, 58, 70) In: Der österreichische Schulfunk 4 (1975), 93 - 98.
RADKE, A. E.: Katulla. Catull-Übersetzungen ins Weibliche und Deutsche. - Marburg 1992.
QUINN, K.: Catullus. An Interpretation. - London 1972.
RADERMACHER, F. J.: Kreativität. Forschung und Lehre. - Ulm 1995.
RAMMINGER, A.: Motivgeschichtliche Studien zu Catulls Basia-Gedichten. - Diss. Tübingen 1937.
REINHART, G.: Beschreibung eines Intensivkurses in Latein (Klasse 11). In: AU 18, 5 (1975), 93 - 98.

SCHMIDT, E.: Zwei Liebesgedichte Catulls (c.7 und c.51). In: Wiener Studien 7 (1973), 91ff.
SCHROTT, R.: Die Erfindung der Poesie. Gedichte aus den ersten viertausend Jahren. - Frankfurt a. M. 1997, zu Catull: 141 - 167.
SEGAL, CH. P.: Catull c.5 und c.7: Gegensätze und Entsprechungen. In: Catull. Wege der Forschung, Bd. CCCVIII (hrsg. von HEINE, R.). - Darmstadt 1975, 262 - 283.
SEIDENSTICKER, B.: „Shakehands, Catull". Catull-Rezeption in der deutschsprachigen Lyrik der Gegenwart. In: AU 2/94, 34 - 49.
SIEGMANN, E.: Interpretationsversuch dreier Catull-Gedichte. In: Vorschläge und Anregungen. Dialog Schule und Wissenschaft (hrsg. von NEUKAM, P.). - München 1980, 93 - 110.
SNELL, B.: Neun Tage Latein. Plaudereien. - Göttingen [4]1959.
STOESSL, F.: C. Valerius Catullus. Mensch, Leben, Dichtung. Meisenheim 1977.
STORCH, H.: Nähe und Ferne. Hinweise zu einer Lektüre der Liebesgedichte. In: AU 35, 2 (1992), 25 - 29.
STROH, W.: Lesbia und Juventius: Ein erotisches Liederbuch im Corpus Catullianum. In: Die Antike als Begleiterin. Dialog Schule und Wissenschaft, Bd. 24 (hrsg. von NEUKAM, P.). - München 1990, 134 - 158.
Ders.: Musa puerilis: Die Knabenliebe in der klassischen Dichtung der Römer. In: STEMMLER, TH. (Hrsg.): Homoerotische Lyrik; 6. Kolloquium der Forschungsstelle für europäische Lyrik des Mittelalters. - Mannheim 1992, 69 - 87.
STRUNZ, F.: Catulli Carmina. Zur Interpretation der ludi scenici Carl Orffs. In: AU 33,4 (1990), 25 - 40.
SYNDIKUS, H.-P.: Catull. Eine Interpretation. WBG Darmstadt. Erster Teil: Die kleinen Gedichte (1 - 60), 1984. Zweiter Teil: Die großen Gedichte (61 - 120), 1984. Dritter Teil: Die Epigramme, 1987.
THOMAS, W.: Latein und Lateinisches im Musiktheater Carl Orffs. In: AU 23, 5 (1980), 29 - 52.
WEINREICH, O.: Die Distichen des Catull. - Darmstadt 1975 (Nachdruck der Ausgabe von 1926).
WIDDRA, K.: Wirklichkeitserfahrung und Wirklichkeitsdeutung bei Catull. Ein Lateinkurs der Qualifikationsphase. In: AU 29, 6 (1980), 80 - 100.
WILDER, TH.: Die Iden des März. - Hamburg 1953.
WIRTH, TH.: Catull c.2: Passer und Malum als Zeichen der Liebe. In: RhM 129 (1986), 36 - 53.

Anhang

a) Anna Elissa Radke:

Katulla. Catull-Übersetzungen ins Weibliche und Deutsche. (1992)

Die oft recht eigenwilligen Umsetzungen der Catull-Gedichte durch Anna Elissa Radke, vor allem aus der Perspektive der Frau, können im Unterricht zu intensiven Gesprächen führen, wenn Original und Transformation streng gegeneinander gehalten werden. Deshalb sind für die meisten der behandelten Gedichte hier die Gegenstücke abgedruckt.

In seinem Vorwort zu Radkes Buch schreibt der Göttinger Mediävist FIDEL RÄDLE, indem er für „die wilde Übersetzung" ein Verständnis schaffen will: Die Autorin „will nicht nur die antike lateinische Poesie – keineswegs gering geschätzt oder gar denunziert, vielmehr aus Liebe verwandelt – heranholen an unser heutiges Leben und Fühlen und Sprechen, sie wollte im vorliegenden Fall viel mehr, nämlich: auch die Erlebnis-Substanz der Vorlage konvertieren durch einen künstlerisch ebenso originellen wie riskanten Befehl: 'Ersetze Männliches durch Weibliches!' 'Miser Catulle' 'Verschmäht bist du Katulla ...'.

Mit Catull kann man das machen, sieht - hinterher - jeder, und kann es begründen: Catulls leicht bewegtes und aufrichtiges Herz hat weibliche Potentiale. Das ist eine gute Voraussetzung, aber der Rest bleibt doch Sache der Erfindungsgabe ('ingenium' sagt der Lateiner).

Die wahrhaft ingeniösen Katulla-Gedichte bedürfen keiner weiteren Empfehlung und auch keiner Erklärung. Sie sind, bei aller Intimität, unverstellt und in einem anziehenden Sinn herzhaft und offen (eben catullisch)."

c.51
Mir scheinen die alle
psychisch stabiler zu sein
selbst als der Homo normalis,
die dir gegenübersitzen
-zigmal im Therapiegespräch,
dich sehen und hören
den leichten Lachreflex,
der schon allein all meine Sinne
total blockiert,
das Sprachzentrum lähmt,
den Blutdruck erhöht,
Hitzewallung und Ohrensausen bewirkt
und Kollabieren.

Hier meine Diagnose:
Ich leide vermutlich am
Arbeitslosensyndrom,
das, als Liebe maskiert,
hierzulande und weltweit
Millionen kaputtmacht.

c.2
Das Spätzchen, Schätzchen, Schmusekätzchen, –
auf deinem Schoß macht es so Mätzchen:
reizt du's mit dem Fingerchen
(oder andren Dingerchen),
bis das appetitlich' Tierchen
(ganz Gierchen)
mit scharfem Schnäbelchen
(zerschneidet mir's Herz wie Säbelchen)
schnäbelt mit dir, schnäbelt, schnäbelt,
(und die Sinne süß umnäbelt)
meinem Projektionsobjekte
den Bedarf an Lust voll deckte. –
Wäre ich ein handlich' Spätzchen,
hätte ich auch solch Ergetzchen ...

c.3
O zieht nun sämtliche Register,
stimmt große Totenklage an,
ihr weißen Götter, die ihr Liebe
auf die Objektlibido reduziert,
ihr, denen man durch Liebe deformierte
Persönlichkeit – ganz sachlich – diagnostiziert:
Seht, wie nun doch dahinwelkt jener „Anderen"
Jugendschöne, ach -
das Lebenselixier für meine
letzte unsterbliche geliebte Liebe!
Ach, diese süße Knabenfrische
der eignen Jugendzeit,
in seine offnen Arme einstmals so
vertrauensvoll zurückgekehrt!
Ach, sie verglimmt nun mehr und mehr,
(bald ist das Zigarettchen aufgeraucht)
unwiderbringlich ist mit ihr dahin
die eigne Jugendzeit!
O vanitatum vanitas, die alles
Schöne grausam uns verschlingt,

du hast beraubt unsterblichen Geliebten,
nein, ihn befreit von Jugendträumerei,
von Eierschalen, Knospenhüllen und Kokon!
Nie sollen bittre Tränenschlieren schwarz
verschleiern seinen hellen Blick:
Ich küss dir deine Augen blank
für heute –

c.5
Komm, setz auf Liebe,
my one and only,
setz auf Liebe alles
jetzt!
(Die greisen Psychopäpste
Freud, Jung und Adler,
Stern, Fromm und Reich,
die können uns alle mal ...)
Milliardenprojekte der Weltraumforschung:
was haben wir davon?
Sternschnuppenkurz verglühen wir im Fall -
Gib mir tausend Küsse
vor dem AIDS-Test,
danach – keine! oder
keine vor dem AIDS-Test,
danach tausend
und hundert und aber, aber tausend,
und danach muss Puder und Make-up
die Spuren verwischen,
dass unsere irrationale Zahl
keine Statistik verfälscht.

c.7
Falls es dich interessiert, Barbar,
(geliebt wie Elses Giselheer)
wie viele Kusseinheiten deine
Katulla braucht bis sie gesättigt ist:
so viele Pflastersteine die Angelika
verlegen ließ in Marburgs Oberstadt
vom Augustinerbrunnen, Marktplatz, Neustadt bis zum
Grab der Heiligen Elisabeth,
so viele Sterne (noch ergänzt durch Satelliten)
herabschaun ungeniert des Nachts
auch auf geheimes Liebestreiben:
so viele Küsse - mindestens! -

will keine unersättliche Katulla noch von dir,
wie sie der riesigste Computer
von Sexologen nicht erfassen
und auch die flinkeste der bösen Zungen
nie bis zu Ende zählen kann.

c.8
Verschmäht bist du, Katulla,
fall deshalb nicht so peinlich aus der Rolle,
trag es mit Würde, nur leicht enttäuscht
wie bei ganz früher Fehlgeburt und
hilflos bedauernd ...
wo du doch einst so guter Hoffnung warst,

als du bewegtest oft in deinem Herzen,
was jener Mann an Meinung von sich gab,
den du so heftig und mit Haut und Haaren
hast begehrt wie vorher keinen anderen,
damals war alles noch erotisch-witzig aufgeladen,
was du so inszeniert und wobei jener
nicht ungern assistiert,
da warst du wirklich noch so guter Hoffnung ...

Nun mag er nicht mehr, -
werde ja nicht immer wieder schwach,
lauf ihm nicht nach, verzehr dich nicht
in Liebeskummer, und verliere nie
die Selbstachtung vor dir,
steh diese Krise tapfer durch!

Ade, mein Schatz, wenn du nicht magst,
so mag Katulla auch nicht mehr
und hütet sich zu betteln.

Das wird dir schon noch Leid tun,
wenn dein Marktwert sinkt.
O du Unmöglicher, was nun?
Wer wird dich wollen,
noch umwerfend finden?
Wen wirst du mögen, wem gehören?
Wen küssen so wie mich,
die Lippen überstrapazieren?
(Vorsicht, mein Lieber: AIDS!)
Hör endlich auf damit, Katulla,
steh diese Krise tapfer
und mit Anmut durch!

c.58
Ach, Rabbuni,
der, dem ich zerbrach
mein kostbarstes Nardenglas,
(samt allen Bindungen
an Mensch und Ding)
der Einziggeliebte,
der verkauft sich hundertfach,
früh bis spät geschäftig:
im Hörsaal, staatlich besoldet,
und privat liquidierend
in enger Praxiskammer,
Souterrain!

c.75
Was war das für ein psychischer Prozess,
als es auf einmal mir wie Schuppen
von den Augen fiel:
mein treu gehegtes Rehlein ist
nicht das verwunschene Brüderchen,
nicht der „junge Hirsch
auf den Balsambergen", sondern
Ringelnatz' Reh
aus Gips?
Schlagartig verging mir jedes
libidinöse Interesse daran,
was bleibt, ist
allenfalls Nostalgie, wenn ich
von Zeit zu Zeit die Nippes
abstaube in der Vitrine
meiner Verirrungen.

c.87
Dass du mehr geliebt wirst
als deine Freunde,
das will ich nicht behaupten,
auch größere Treue
kann ich nicht garantieren, -
aber wem, außer dir,
wird alles Stroh
unaufgefordert
(und ohne Rumpelstilzchens Hilfe!)
zu Gold gesponnen,
dass du ratlos stehst
vor den Wundergaben?

c.85
Ich hasse und liebe!
Warum ich das tue,
das weißt du,
noch eh es geschieht,
da kennst du dich aus
mit Libido und Frustration,
Wutimpulsen und Aggression -
aber deine Katulla,
die steckt mitten drin,
und geht, trotz Analyse,
zugrunde daran!

b) Arkadij Dragomostschenko
(geb. 1946, jetzt in Leningrad lebend)

Nun Catull, lächerlich ist, deine Jamben
im Wagen eines Vorortzugs zu lesen,
das Schwärme von Zigeunern über ihnen kreisen!
und zwischen den Zähnen eines Jungen
klemmt ein Lolli
und eine Glasscherbe knirscht
in der Hand
und die Spiegel sind überzogen mit Schlamm.
Ach Catull, die purpurnen Blätter der Lippen
sind längst fortgeflogen von den Bäumen
makelloser Stimmen.
Tausende Küsse! zehntausend,
hunderttausend! Man denke nur - hunderttausend!
Mit Wunden schon bedeckt fällt der Atem
auf die Spuren,
aber der Vogel ist tot,
die Fliege bohrt sich ins Augenweiß,
Dunkelheit verbirgt ihren rätselhaften Weg.
Aber der glückliche Septimius vereint die Hände
mit denen der nicht weniger seligen Aktme.

So ist das Catull, mein Freund,
besessener, weinender, stiller Poet,
der du längst nicht mehr unter den Lebenden weilst ...
Schrecklich bleibt es, dich zu lesen, im Wagen
eines Vorortzugs.

Übertragen von SASCHA ANDERSON
Entnommen aus: Moderne russische Poesie seit 1966. Eine Anthologie (hrsg. von WALTER THÜMLER). - Berlin 1990, S. 233. - Dieses Dokument verdanke ich OStR GERD FLEMMIG, Fürth.

c) Prosatext zum Vergleich:

(Entnommen aus: „Zeitung in der Schule", ein Projekt der Süddeutschen Zeitung und des Instituts zur Objektivierung von Lern- und Prüfungsverfahren [IZOP] Aachen mit 1200 Teilnehmern aus 49 Schulklassen, vom 5.10.1998)

Die Geschichte meiner ersten Liebe

Lukas vergöttert Katrin, doch es hat monatelang gedauert, bis seine Lippen die ihren trafen.

Als ich *sie* zum ersten Mal sah, blieb mir kurz mein Herz stehen. Ihr Lächeln, ihre Ausstrahlung: umwerfend. Sie trägt ihr braunes, langes Haar mit leichten Wellen. Ich verliebte mich sofort. Und hoffte inständig, dass wir mal eines Tages eins sein würden.

Eigentlich hatte ich sie erst mit Hilfe von zwei Freundinnen bemerkt, Angela und Monika. Sie gingen zwei Jahre lang in meine Klasse, mussten aber wegen einiger mangelhafter Noten das siebte Schuljahr wiederholen. Damals wusste ich noch nicht, dass sich das bald zu meinem Vorteil entwickeln würde.

Nach den Sommerferien, als das neue Schuljahr begann, sahen wir uns wieder. Wir erzählten uns gegenseitig unsere Sommerabenteuer und -flirts. Angela und Monika gingen jetzt in die 7c. Wie der Zufall es wollte, hatten sie ihren Klassenraum unmittelbar neben unserem. So spazierten wir in den Pausen auf dem Schulhof herum: meine beiden besten Freunde John-Paul und Ivan, Angela, Monika und ich.

Mit der Zeit fanden Angela und Monika in ihrer neuen Klasse immer mehr Freunde. Unsere Wege trennten sich dann ein bisschen, aber irgendwie blieben wir in Kontakt.

Und eines Tages war es soweit: Ich sah *sie* zum ersten Mal – wie der Zufall es will, bei Angela und Monika in der 7c. Dort saß sie den ganzen Schultag lang. Sie hat mich sofort fasziniert, und ich wollte mehr über sie erfahren. Leider, wie das nun mal ist, war ich viel zu schüchtern, um sie anzusprechen. Ich hatte Angst, dass sie mit mir nichts anfangen will. Also machte ich mir weiter Hoffnungen – sie und ich eines Tages mal zusammen.

Einige Zeit später erzählte ich das alles John-Paul und Ivan - was ich gleich bereuen sollte: Wie das nun mal ist, tratschten sie es an Angela und Monika weiter. Angela! Dieses Mädchen ist der reine Horror. Ich mag sie. Aber sie ist ziemlich direkt. Sie hat auf alles eine Antwort. Und sie bringt einen oft in peinliche Situationen. Ich fürchtete, sie könnte das auch jetzt tun.

Nun, von Angela erfuhr ich, dass sie Katrin heißt. Außerdem brachte Angela mich vor Katrins Augen. Und, wie erwartet, in eine schreckliche Lage.

Folgendes geschah: Als ich an jenem schönen, sonnigen Tag mit Angela an einer Bahnstation stand, kam Katrin vorbei. Auch sie wollte mit dem Zug fahren. Angela musste dann natürlich einen ihrer Sprüche von sich geben: „Hey, Katrin, dat' hier is dein Verehrer Luke. Is' er nicht schnuckelig?"

So, jetzt war es raus. Dachte ich und wäre fast im Erdboden versunken.

Na ja, jetzt wusste sie immerhin, wer ich bin und wie ich aussehe. Ich spürte, wie mein Herz schneller schlug, meine Hände schwitzten und sich mein

Gesicht rot färbte. Meine Beine erweichten gerade wie Gummi – da passierte Unerwartetes: Katrin lächelte, winkte mir und sagte zu Angela: „Ach ja? Der ist doch gar nicht schlecht, oder?"

Sie sagte das mit ihrer wunderschönen, zarten Stimme. Dennoch verging ein halbes Jahr. All die Zeit schwärmte ich von ***ihr***. Ich glaube, dass John-Paul und Ivan mich damals gern weit weg geschossen hätten. Wieviel ich damals von Katrin geschwärmt habe, konnte niemand ertragen. Zumal den Worten keine Taten folgten.

Katrin freundete sich dann mit Angela und Monika an. Sie wuchs in unsere Gruppe hinein – allerdings floh ich manchmal, um nicht in eine Situation zu geraten wie vor sechs Monaten. Denn jetzt verhielten sich auch John-Paul und Ivan wie Angela: bemüht, andere in eine peinliche Lage zu bringen.

Außerdem wollte ich nichts falsch machen. Wenn ich in einer Situation nicht weiter weiß, beginne ich zu stottern. Einmal schrieb ich mir sogar einen vollständigen Dialog auf einen Zettel. Ich notierte, was ich ihr wie sagen sollte. Ich habe trotzdem gekniffen.

So ging es lange. Aber bald kamen keine blöden Sprüche mehr von meinen Freunden. Und zwar konnte ich mich immer noch nicht mit ***ihr*** unterhalten – aber wenn sie in den Pausen zu uns kam, rannte ich immerhin nicht mehr weg. Angela und Monika erzählten gar, dass Katrin oft nach mir frage und mich ziemlich süß finde.

Endlich schrieb mir Katrin einen Brief. Sie wolle gern mit mir ins Kino gehen. Die Erlösung.

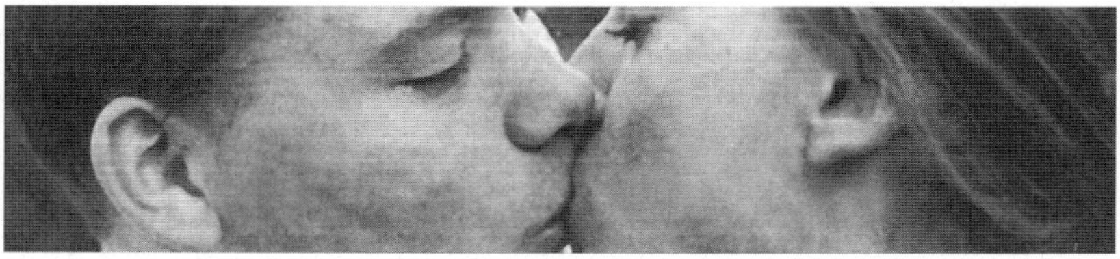

Augen zu, Mund auf: ein Gefühl, das verzaubert. Wenn man sich dazu überwunden hat.

Meine Scheu war weg. Noch an dem Tag rief ich sie an. Wir unterhielten uns prima. Ich holte sie von daheim ab, und obwohl ich aufgeregt war, benahm ich mich cool. Wenn man so ein wunderschönes Mädchen vor sich hat, darf man nicht anders reagieren. Im Kino entschieden wir uns für einen romantischen Film, der von ähnlichen Entwicklungen wie der unseren handelte. Ich holte Popcorn, wir setzten uns hin und machten es uns bequem. Kurze Zeit später begann der Film. Wie das nun mal so ist, legte ich meinen Arm um ihre Schulter.

Auf die folgende Situation war ich nicht vorbereitet. Sie lehnte ihren Kopf gegen meine Schulter. Ich roch den süßen Duft ihrer Haare. Nach der Vorstellung brachte ich sie heim. Vor ihrer Haustür unterhielten wir uns wieder. Sie machte ständig Andeutungen, von wegen Happy End und so. Wie schön es sei, dass der Junge im Film doch seine Scheu überwunden und das Mädchen geküsst habe; wie schön, dass sie zusammen gekommen seien.

Da brach das Eis. Ich kam näher, zog sie an mich, wir küssten uns. Es war ein wunderschönes Gefühl, ihre Lippen an den meinen zu spüren.
Seit dieser Zeit sind wir glücklich miteinander. Ich hoffe, das hält noch lange.

Lukas Wilanowski, Klasse 10c
Marie-Curie-Gymnasium
Düsseldorf

1. Welche Phasen in der Entwicklung des Liebesverhältnisses zwischen Lukas und Katrin erinnern stark an Catulls Liebeserlebnisse mit Lesbia? Wo erkennen Sie nahe Parallelen, wo aber auch deutliche Unterschiede?
2. Wie könnte auch dieses Liebesverhältnis enden? Versuchen Sie selbst, mit ihren eigenen Worten das Ende der Geschichte in der bei Catull vorgegebenen Richtung darzustellen.

Er versucht sich am Unmöglichen: an der form- und sinngerechten Übersetzung von Catulls c.85 (ein Schweizer Gymnasiallehrer, abgebildet in der Neuen Zürcher Zeitung vom 26. 1.1999).

Inhaltsverzeichnis

Vorwort 3

1. Zur Didaktik der Catull-Lektüre

1.1 Didaktische Begründung 5

1.2 Didaktische Einordnung 7

1.3 Didaktische Aufbereitung 10

2. Die Gedichtinterpretationen

2.1 Ich bin wie von Sinnen (c.51) 13

2.2 Wäre ich doch dein Spatz! (c.2) 19

2.3 Trauert! Tot ist der Spatz (c.3) 22

2.4 Gib mir tausend Küsse! (c.5) 26

2.5 Wie viele Küsse wären genug? (c.7) 29

2.6 Ertrag es, Catull! (c.8) 31

2.7 a) Verflucht! Wir lieben uns noch (c.92) 36

b) Wie tief ist sie gesunken! (c.58) 37

2.8 a) Einst und Jetzt (c.72) 40

b) Deine Schuld (c.75) 43

2.9 a) Geliebt wie keine (c.87) 45

b) Ich hasse und liebe (c.85) 47

3. Der Lesbia-Zyklus in Zusammenfassung 53

Überblickstabelle 59

4. Literaturhinweise 60

Anhang

a) ANNA ELISSA RADKE, Katulla. 63

b) ARKADIJ DRAGOMOSTSCHENKO 68

c) Prosatext zum Vergleich 69